［復刻版］

女子禮法要項

［女子礼法要項］

全國高等女学校長協会

ハート出版

〔復刻版〕

女子礼法要項

全国高等女学校長協会 編

緒　言

一　本書は文部省制定の「礼法要項」に準拠して、本会既刊の「作法要項筆記帖」を改題し、その内容を一新すると共に、礼法要項の精神を一層徹底せしめ、且つ之が履修に完全を期する趣旨を以て編纂したものである。

一　文部省が、一たび礼法要項を発表せらるるや、わが女子中等学校に於ては、等しく之を歓迎すると同時に、教授の実際に即応するような準教科書的なものがほしいという希望が全国から寄せられて来た。依て本会に於ては、本部理事会並びに編集部会を開いて協議した結果、その希望を容れ、之を本会の事業として編纂することに決定を見たのである。順序として先ず礼法に造詣深き十数名の実際教育家を委員に委嘱して、編纂の方針を定め、之に基づいて起草したものを委員会に附議したのであるが、委員会の会合は実に十数回の多きを重ね、章を追うて慎重に検討を加え、字句の末に至るまで吟味した末に大成したのが本書である。

一　本書の内容はもとより礼法要項に準拠したものではあるが、之を実際教授に適せしめるため、類によって整理統合し、更に若干順序に変更を試みたところもある。行文は平易簡明を旨とし、挿画は、理解と実践とを容易ならしめるために、成るべく多くすることにつとめた。

一　本会既刊「作法要項筆記帖」に於て試みた「筆記欄」は本書にも之を設け、一括して巻尾に附することにした。地方的な礼法乃至特殊的な礼法の内、教授者が認めて必要とさるるものを記入せしめて、礼法教授に弾力性を保たしめられたい。

一　終に臨み文部省当局が本書内閲の上厳正なる批判と懇篤なる指示を与えられたる厚意、並に本書編纂委員をして熱心に協力せられたる労に対して深き感謝の意を評したい。

昭和十七年春

編者しるす

女子礼法要項　目次

後篇

皇室・国家に関する礼法

家庭生活に関する礼法

目　次

凡例

一、本書は、全国高等女学校長協会編纂『女子礼法要項』（昭和十七年発行）を底本としました。
二、原則として、旧字を新字に、旧仮名遣いを新仮名遣いに改めました。
三、明らかな誤字脱字は訂正しました。
四、底本のふりがなを整理し、新たにふりがなを追加しました。
五、底本巻尾の筆記欄は省きました。
六、巻末に、「用語説明」と、竹内久美子氏による「解説」を追加しました。

〔編集部より〕
当社で復刊を希望される書籍がございましたら、本書新刊に挟み込まれているハガキ等で編集部まで情報をお寄せください。今後の出版企画として検討させていただきます。

生徒心得

第一章　生徒日常一般の心得

一　身体や身のまわりを清潔にする。殊に肌身につくものの清潔に気をつける。

二　衣服は正しく著（つ）け、容儀をととのえる。

三　姿勢は常に正しくする。

四　動作は敏活にする。しかも落ついて、しとやかにする。

五　言語は音声をはっきりと、上品なことばをつかう。

六　父母長上に対しては言うまでもなく、弟妹（ていまい）や、友人などに対しても、言語・動作に気をつけ、常ににこやかに接するように心がける。

七　自分の為すべきことは自分でする。人が困っているときは、進んで之をたすける。

八　人の迷惑になるようなことは決して言ったり、したりしない。

第二章　学校に於ての心得

一　校門

身なりを整え、姿勢を正して出入する。出入の際敬礼することに定められてある学校では、正しく校内に向って一礼する。

二　奉安所

奉安所の前を通る場合は、その方に向って

敬礼する。

三　昇降口

一　靴の泥はよく拭(ぬぐ)ってからあがる。

二　はき物に上ばき下ばきの区別のある学校では、その区別をみださない。

三　はき物や傘の置場の清潔・整頓に注意する。

四　廊下

一　静(しずか)に通行し、走ったり、高声(たかごえ)で話したり、多人数で立話などしない。

二　左側を通行し、曲り角に注意する。

三　先生や長上を追越してはいけない。必要のときは挨拶して通る。先生又は来客に行逢ったら会釈する。

五　階　段

一　階段の昇降は静にする。

二　先生又は長上に対しては、

イ　先生又は長上先行の場合には、適当の距離をおいて昇降する。

ロ　広い階段で互(たがい)に行逢ったら、左側に避けて会釈する。

ハ　狭い階段で、自分が降りかけた時、下から昇って来られる場合、又は昇りかけた時、降りて来られる場合には、引返して待受け、会釈して後に昇降する。

ニ　階段を半分以上も昇り、又は降りている場合に、先生又は長上が見えたら、速(すみやか)に昇りつめ、又は降りつめて会釈し、適当に挨拶する。

六　教　室

一　教室の出入は静にして先を争わない。

二　教室に入ったら、深く椅子にかけて姿勢を正し、静に先生の入室を待つ。

三　先生に対する質問・応答の際は、手は正しく挙げ、指名されたら正しく起立し、態度を鄭重（ていちょう）にして、言葉をはっきりと言う。

四　授業中教室を出入する必要のある場合には、先生の許可を受ける。出入には礼を行う。

五　参観人がある場合、その方に心を向けないで、まじめに学習を続ける。

七　講堂

一　講堂の出入には厳粛な態度をとり、個人の場合には一礼する。

二　講堂では特に静粛にする。

八　校長室・職員室

一　ノックして許(ゆるし)を得て室(へや)に入る。入口で会釈し、先生の側に進んで、一礼した後用談する。用談が終ったら、一礼して退き、出口で会釈する。

二　先生が用事中か、又は他人と対談の場合には、その終るを待って進み出る。

九　図書室

一　静粛を旨とする。即ち

イ　室の出入に足音を注意するは勿論、すべて物音を立てないようにする。

ロ　音読や談話をしない。

二　図書を大切に取扱う。即ち

イ　表紙を持って書物を動かさない。

ロ　拡げた書物の上に物を置かない。

ハ　書物に書入れ等をしない。

ニ　紙を繰るとき、指頭に唾をつけない。

ホ　図書を汚損した場合には、速に係に申し出る。

三　その他図書閲覧規則をよく守る。

一〇　運動場

一　運動場に於ては活潑に行動する。しかし女子としての嗜みを忘れてはならない。

二　運動器具は大切に取扱い、若しこわしたら、速かに申し出る。

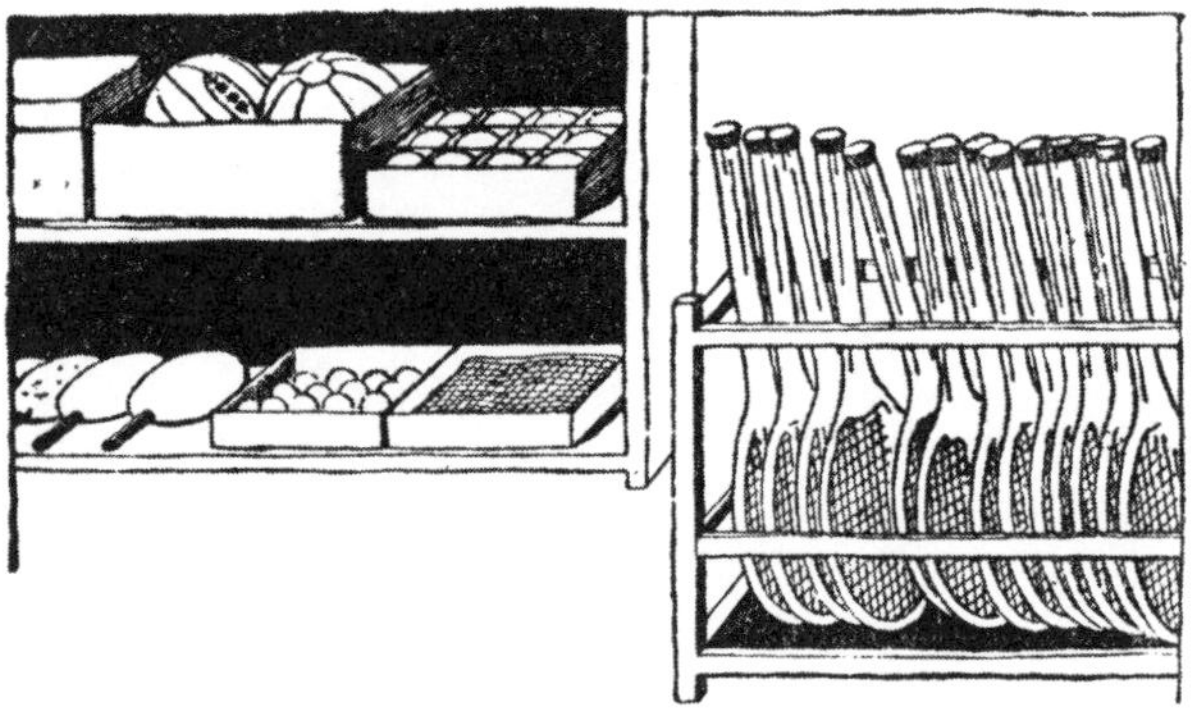

三　運動器具は一人で長く使用しないように心がける。
四　運動が終ったら、器具を正しくもとの場所に片づけておく。
五　運動場は常に清潔を保つようにする。

一一　食事

一　食事の前には手を清める。
二　食事の前後には一礼し、食べ始めと食べ終りに挨拶する。
三　食事の際には容儀を整え、姿勢をよくし、周囲の人と調子を合せて、はやさを加減し、よくかみこなす。
四　物音・口音を立てない。
五　食べた後、食器・食卓等の見苦しくないようにしておく。

一二　作業

一　働く時は十分に働き、休む時は十分に休む。

二　作業中は必要以外の話をしない。労苦の後のたのしみを十分に味えるほど、力かぎり気持よく働く。
三　割あての仕事が終ったら、手落がないか調べてみる。
四　自分の仕事が終ったら、他の手助を行い、すべての人が休むまでは休まない。
五　用具は使用後きれいにして、元の置場に整頓しておく。

一三　掃除

一　掃除にとりかかる前によく身支度をととのえる。
二　窓・戸・障子等を十分に開放する。
三　はたきは高い所からかける。
四　掃除は室の隅々から念を入れて行う。日本間に於ては畳目に添うて箒（ほうき）をつかう。

五　掃除が終ったら、室内の整頓をよくし、なお室を美化するようにする。

六　掃除が終ったら、用具は正しく置場に片づけておく。

一四　便所

一　紙・ハンカチーフを忘れないで持って来る。

二　便所に入る時は必ずノックする。

三　水洗式の便所では必ず備付の紙をつかう。

四　はき物は次の人の使用に都合のよいようにぬいでおく。

五　手を清めるとき、消毒水の設備があったら、まず之に手をつける。

第三章　家庭に於ての一般の心得

一　父母・長上を敬い、言語・動作を鄭重にし、指図されたことは喜んで之に従う。

二　弟妹その他の者を愛撫し、決して軽んじたり、高ぶったりするような言動をしない。

三　起床・就寝をはじめ、日々のことは、予め時間を定めておいて、之を実行する。

四　寝具のあげおろし、掃除・身仕度等に他人の手を煩(わずら)わさないことは勿論、進んで他の手助けをするように心がける。

五　父母・長上に対し、起床・就寝・食事・外出・帰宅等の挨拶をなおざりにしない。

六　外出する際には、行先・用向等を告げて、父母・長上の許可を受け、帰宅したら様子を報告する。
七　夜はなるべく外出を避ける。已むを得ない場合は同行者を伴う。
八　外出の途上で近隣の人や、知人・親戚等に逢ったら、快く挨拶する。
九　家の手伝をまじめにする。

第四章　家庭に於ての一日一日の心得

一　朝起きたら

一　予定の時刻には必ず起き、寝具を片づけて、室の掃除をする。
二　顔を洗い、髪をととのえ、服装を正しくする。

三　神棚・霊位を拝む。

四　父母・長上に朝の挨拶をし、弟妹その他とも挨拶をかわす。

五　出来るだけ家事の手伝をする。

二　登校

一　忘れ物の無いよう、学用品その他を丁寧にしらべてみる。この場合注意することは、

イ　一品ごとに学年・組、及び氏名を明記しておく。

ロ　金銭・貴重品等はなるべく持たない。已むを得ないで携帯する場合には、身につけて失わないように気をつける。

二　服装を正しくする。

三　父母・長上に挨拶し、学校所定の時間に遅刻しないように家を出る。

三　通学

一　通学はなるべく徒歩でする。

二　徒歩通学者は歩調をとって歩み、道づれが数名以上あった場合には列を作る。

三　自転車通学者は一人でも道づれがあったら一列に進む。

四　電車・汽車による通学者は、生徒たる品位を重んじ、人の迷惑になるような言動をしないことは勿論、進んで人の便宜(べんぎ)

悪い例

をはかるようにする。

五　通学又は帰宅の途上先生に逢ったら、丁寧に挨拶をする。生徒同士も挨拶をかわす。

四　帰宅とその後

一　帰宅したら父母・長上に挨拶する。

二　手を清める。

三　着用していた服・帽子・はき物等の手入をして、一定の場所に整頓しておき、弁当箱は洗っておく。

四　洗濯、掃除、来客の取次、夕食の準備・後片付等、何事に限らず家事一切の手伝をまめまめしくする。

五　夕食が終ったら

一　自　習　予め復習・予習の時間を定めておき、欠かさず実行する。

二　反　省　静に今日の一日を反省し、日記・出納簿等の記入を怠らないようにする。

三　明日の準備　明日の登校準備をする。授業時間表を見て、忘れ物のないよう、特に注意する。

四　拝　礼　今日一日を平穏に過し得た感謝をこめて、神棚・霊位に拝礼する。

五　就　寝　父母長上に就寝の挨拶をし、弟妹その他とも挨拶をかわし、心を鎮めて床（とこ）に就く。

前篇

第一章　姿　勢

姿勢を正しくすることは礼法の根本である。正しい起居振舞も、すべて正しい姿勢から生れ出るものであるから、礼法を学ぶものは、先ず常に心をここにおかなければならない。それのみならず姿勢を正しくすれば、自ら心もひきしまり、又健康上にも好いことを思えばなお更のことと言うべきである。

一　立った姿勢　両足を揃え、足尖（あしさき）は、靴のときは踵（かかと）をつけて適宜に開き、和服の場合は軽くつけ、上体を正しく保ち、両腕は自然に垂れ、指尖は軽く離れないように揃え、頭を真直（まっすぐ）にし、口は軽く閉じ、正しく前方を視る。

二　腰を掛けた姿勢　なるべく深く腰をかけ、両足を揃え、足尖は軽くつけ、上体は正しく保ち、両手は指尖の離れないように揃えて、股の上に八字形におくか、くつろいだ場合には軽く組合す。頭は真直に、口は閉じ、正しく前方を視る。

三　坐った姿勢　両足の拇指（おやゆび）を重ね、両膝のひらきをなるべく少くし、上体を真直にして、腰を両足の中央に正しく据（す）える。手・頭・口・眼のことなど腰を掛けた場合とかわらない。

第二章　敬　礼

敬礼は、天皇陛下に対し奉（たてまつ）って行う最敬礼をはじめ、拝礼・普通の敬礼・会釈等軽重の差はあるが、いずれの場合でもまごころをこめて行わなければならない。

一　最敬礼

天皇陛下に対し奉って行う敬礼で、敬礼のうち最も鄭重なものである。皇族・王（公）族に対し奉っても之に準じて行うが、最敬礼とは言わない。外国の元首又は皇族に対する公式の場合の敬礼も同様である。

最敬礼

一　立って行う場合　まず姿勢を正して、正面に注目し、上体を徐（おもむろ）に（約四十五度）傾けると共に、手は自然に、両側面より前へ軽くすり下げ、指尖が膝頭の辺に届くのを度としてとどめ、凡そ一息の後徐に元の姿勢にかえる。

〔注意〕殊更に頸（くび）を屈したり、膝を折ったりしないようにする。

二　坐って行う場合　先ず姿勢を正し、（手は体の両側に下（おろ）して置く）正面に注目し、上体を傾けると共に、両手を膝前に進め、指尖の間を約五糎（センチメートル）（約一寸五分）とし、頭は座面より約五糎の所まで下げるのを度としてとどめ、凡そ一息の後徐に元の姿勢にかえる。

〔注意〕殊更に頭を屈したり、腰を上げたりしないようにする。

二　拝　礼

拝礼は神仏に対して行う敬礼である。拝礼の際には眼の前に神仏が在（おわ）すものと心得、終始敬虔（けいけん）の態度を保たなくてはならない。

1　神前の拝礼

一　容儀を正し、手を清めて後、神前に進む。

二　拝礼のしかた　神前適当の所にとまって一揖（いちゆう）し、再拝・二拍手・一拝を行い、一揖して退く。場合により再拝・二拍手・一拝の代りに一拝のみ行うこともある。

三　拝・揖　拝は上体を深く（約四十五度）傾けて後、徐に元の姿勢に復（かえ）るをいい、揖は浅く（約十五度）傾けて後、徐に元の姿勢に復るをいう。

四　拍手　両手を一旦胸の前で正しく合せ、肩幅の広さに開いて打合す。

五　玉串奉奠（ほうてん）

イ　玉串のもち方　玉串の表を上に向け、右手で本を持ち、左手で葉の方を支え、葉先を高目に持つ。

ロ　玉串の供え方　神前少し手前でとまって一揖し、玉串案の前に進む。玉串は右手を引いて竪（たて）になおし、左手を玉串伝いに下げて本を持つと同時に、右手で葉の方を下から持ち、左の掌（てのひら）の

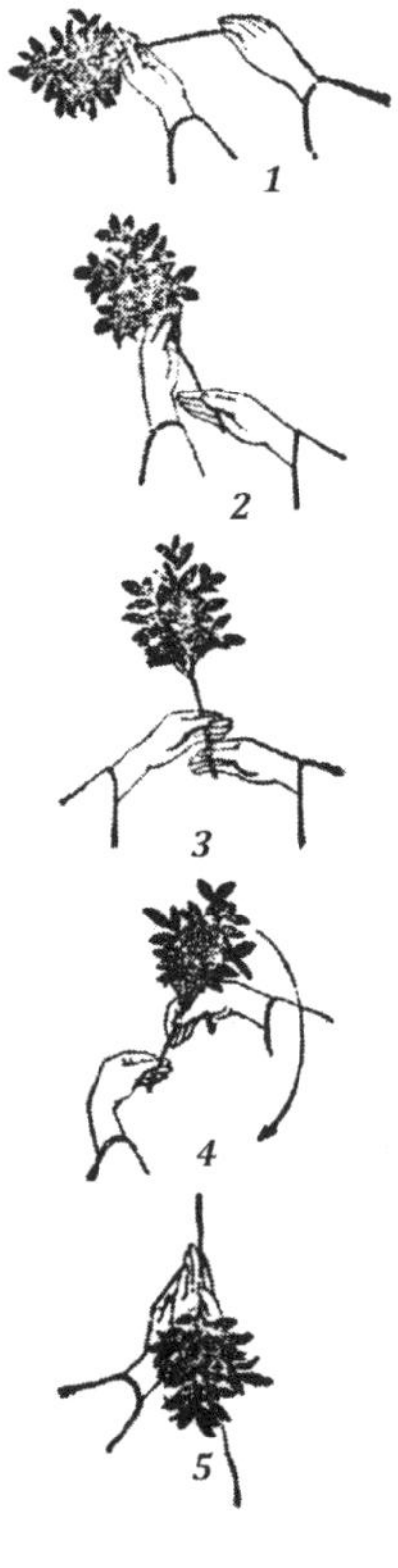

上で、「の」の字形に廻し、本を向うにして右手を仰むけ、左手を添えて案上に供える。

ハ　玉串を供えたら　再拝・二拍手・一拝、場合によっては単に一拝を行い、神前に向ったまま後退し、一揖の後退く。

2　仏前の拝礼

一　拝礼のしかた　仏前適当の所で一礼し、進んで合掌、退いて一礼する。

二　**焼香のしかた**　仏前少し手前で一礼、香炉台の前に進み、合掌・焼香一回（特殊の場合は二・三回）・合掌、退いて一礼すること。

3　その他の拝礼

基督（キリスト）教その他の儀式に於ては適宜その方式に倣（なら）う。

三　普通の敬礼

一　**立って行う場合**　先ず姿勢を正して、先方に注意し、上体を徐に（約三十度）傾けると共に、手は自然に下げ、

立礼

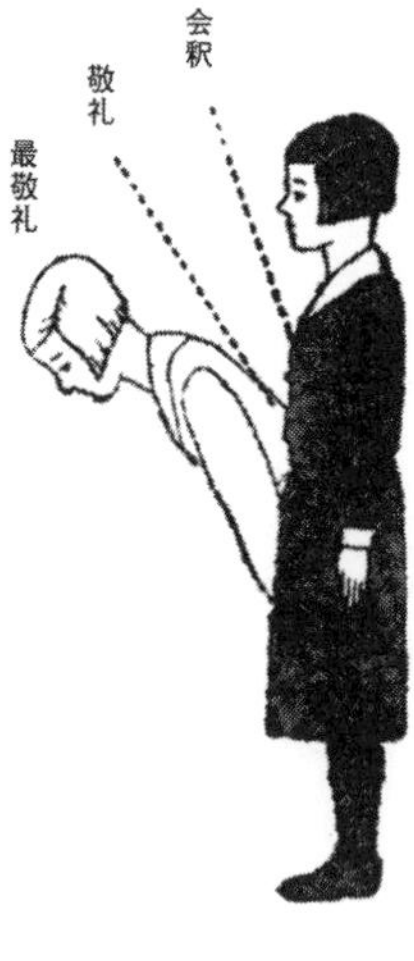

指尖が膝頭に近づくを度として、寸時(すんじ)その姿勢を保ち、徐に元の姿勢にかえる。

〔注意〕殊更に頸を屈したり、膝を折ったりしないようにする。

二　坐って行う場合

先ず姿勢を正して先方に注目し、上体を徐に傾けると共に、両手を膝前に進め、指尖の間を十糎乃至十五糎（三寸乃至五寸）とし、頭は座面より十糎乃至十五糎の所まで下げるのを度としてとどめ、寸時その姿勢を保ち、後徐に元の姿勢にかえる。

〔注意〕殊更に頸を屈したり、腰を上げたりしないようにする。

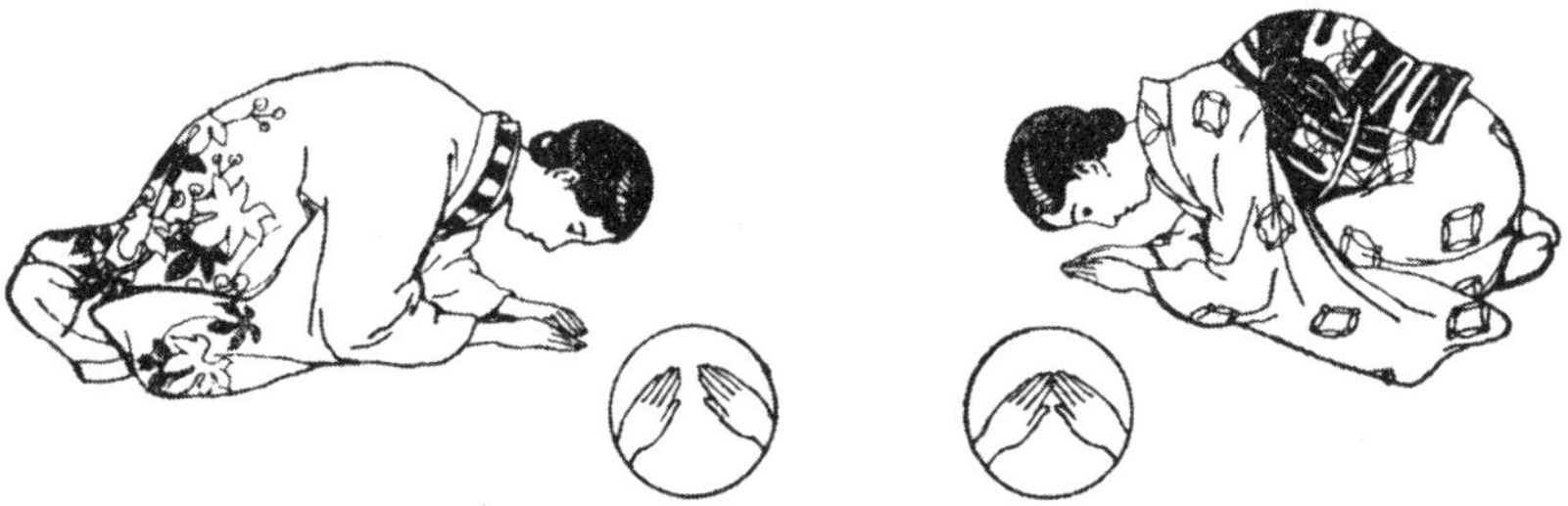

座礼

四　会釈

一　立って行う場合　先ず姿勢を正して、先方に注目し、上位を徐に傾ける（約十五度）と共に、手は自然に下げてとどめ、後徐に元の姿勢にかえる。

二　坐って行う場合　先ず姿勢を正して、先方に注目し、上体を徐に（約十五度）傾けてとどめ、後徐に元の姿勢にかえる。手は股の上においても、体の両側に下してもよく、又指尖を膝頭の前に突く場合もある。

五　握手

握手は西洋の礼で、長上又は婦人が之を求めるまでは手を出さないのが礼儀となっている。握手は右手を出して先方に注目し、右手を軽く握る。この際礼をすることはよくない。

〔注意〕

一　敬礼は坐っている人には坐って行い、立っている人には立って行うのがきまりである。但し腰を掛けている長上に対しては、立って敬礼する。

二　敬礼の際帽子は礼装の場合の外は脱ぐ。帽子は右手でとり、その内側を右の外股に軽く触れる程度にして敬礼する。

三　屋外又は集会の場所に於ての敬礼は、場合に応じてやや高目にすることも已むを得ない。

第三章　言葉遣い

言語は人の思想感情を表すもので、言葉づかいの如何は、直ちに相手の心に響くばかりでなく、自分の品位にもかかわるものであるから、注意しなければならない。

一　一般の心得

一　言語は明瞭を旨とし、しとやかに発音する。

二　言語は出来るだけ標準語を用い、地方語を用いても、なるべく上品な言葉を遣う。

二　敬　語

一　長上に対しては相当の敬語を用いる。即ち「ございます」「あります」「参ります」「致します」「存じます」「遊ばす」「申します」「いただきます」等の語を用い、「です」「もらう」等は用いない。

二　「お」「御」等は他人の物や事に附け、又一般の物事にも口調や慣習でつける場合もあるが、自分の上には用いないのを通例とする。

三　呼　称

一　自　称　通常「私」を用いるが、長上に対し、改っていう場合、特に高貴の方に対しては氏又は名を用いる。

二　対　称　長上に対しては、身分に応じて閣下・先生等相当の敬称を用いる。同輩に対しては通常「あなた」を用いる。

三　他　称　長上は勿論、其の他の者にも相当の敬称・敬語を用い、その人が居ないからとて、疎略な呼称を用いない。

1　長上に対し、その人より目下の者に就て語る場合　たとい自分より目上の者であっても、敬称・敬語は用いないか、又は簡略にする。

2　自分の近親に就て語る場合　敬称・敬語を用いない。

四　応　答

人に呼ばれた時は、「はい」と快く返事する。「ええ」は同輩にでも用いないがよい。

第四章　起居

起居は落ついて、静かに、自然であることが大切である。それが為には平素から一挙一動おろそかにしないように心がけ、如何なる場合にも見苦しくならないように習熟しなければならない。

一　坐り方　片足の爪先を僅かに引き、又は出して静かに膝を屈め、片膝ずつつく。この際上体の傾かぬようにする。

二　起ち方　先ず少し腰をあげ、次に爪尖を立て、片足を僅かに踏出し、静かに起って足を揃える。上体の注意前に同じ。

三　椅子のかけ方　普通左側から掛け、左側に出る。

四　歩く時の注意

1　上体を正しく保ち、殊更に手を振らず、膝を曲げず、又脚を開かないようにする。

2　殊更に足をすったり、足音を立てたりしない。

3　濫(みだ)りにあたりを見廻したり、物を踏み又は跨(また)いだりしない。

五　方向の変え方　すべて向(むき)を変えるには、上座に向うようにして廻る。

1　立っている場合　先ず向おうとする方の足を斜に後に引き、これに他の足を一旦揃え、下座の足から歩き出す。

2　坐っている場合　向の変え方に二つの場合がある。

イ　爪尖を開いて廻る場合　先ず跪坐(きざ)をして一方の爪先を開き、

これに他の足を揃えて向を変える。

ロ　膝で廻る場合　先ず跪坐をして、向おうとする方の膝を少し浮かし、その方へ静かに廻る。

六　膝行（しっこう）・膝退（しったい）　先ず跪坐をして、膝と爪尖とで静かに進み、又は退く。長上の間近では少し手前で跪坐し、膝で進み出て坐り、膝で少し退いてから起つ。

七　神前・仏前・長上の前、又は床の間・貴重物等の前では、一米（メートル）位手前で一先ず立上り、又は一旦跪坐して、後改めて進み出る。

第五章　受渡し

受渡しは鄭重を旨とし、粗忽（そこつ）のないように取扱うことが大切である。しかし余り度を過して、人に不便を与えたり、不快の念を起させるようなことになってはいけない。受渡しは一日の生活中、度重ねて行うものであり、又よく品格のあらわれるものであるから、女子の日常生活上、特に大切なものとして、習熟につとめなくてはならない。

一　物の持ちかた

1　物品は物により場合によって、両手で受渡しする場合と、片手で持ち、一方の手を添えて受渡しする場合等がある。

2　長上に対しては、片手で持つ場合でも、一方の手を添える。手を添えない場合には、体を少し屈する。

二　物の持出しかた　受渡しには直接手渡しする授受の場合と、一旦置いてからする進撤の場合とあるが、何れの場合にも、物は自分の方へ向けて持って出て、渡すときに向け直して進める。但し物によっては、先方の受けよいように、最初から先方へ向けて持って出る。

三　物の進め方

1　受渡しは正面より行うのを例とするが、卓子（たくし）の場合には側面より行うこともある。

2　受渡しは立っている人には立って行い、坐っている人には坐って行う。椅子の場合には長上が腰掛けていても立って行う。

四　進撤授受のしかた

1　起立の場合　長上に対しては、四五尺（一米強）手前で止り、一二歩進んで一旦物品を卓上に置き、向け直して正しく据え、少しく押進める。卓のない場合には一旦手前で止り、更に進み、向け直して渡す。

2 著座（ちゃくざ）の場合 長上に対しては五六尺（二米弱）手前で跪（ひざまず）き、膝行して進み、約三尺（約一米）の所で物を下に置き、向け直して正しく据え、少しく押進めて、先方の膝前約五寸（約十五糎）の所に差出す。受渡しが終ったら膝行して退いてから起つ。

3 辞令書・卒業証書等を授けられるときは、凡そ三歩前で敬礼し、進んで受けて押戴き、三歩退き、一見（いっけん）の後敬礼して退く。

4 台又は盆等に載せて渡されたものは、台又は盆の儘（まま）一旦受ける。

5 受渡しには初めと終りの外、一々礼をするに及ばない。

練習

一 座蒲団

一 持出し方 形の大きさにより、両手に載せて持って出ることもあり、又左手に載せ、右手を持添えて持って出ることもある。薄手の物は表を内にして二つ折にし、折目を手前にして持って出る。

二 進め方 客の少し手前に跪き、一膝二膝進んで、一旦下に置き、両手で少し押進める。薄手の物は拡げた後押進める。

三 しき方 座蒲団の下座の方に跪き、膝行して坐る。同席者多数

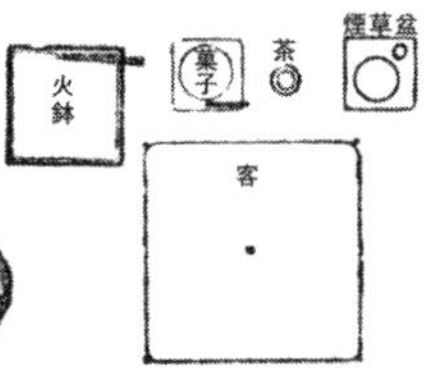

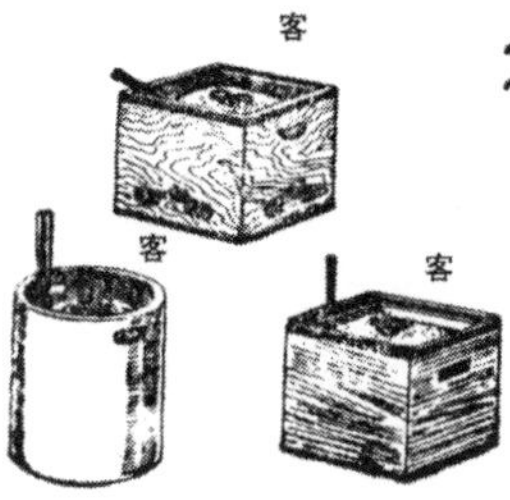

の場合は膝行を省き、直にその上に坐る。

四　離れ方　座蒲団の端を両手で軽くおさえ、上座の方から足尖をおろして膝を浮かし、座蒲団のゆがまないよう下座におりる。

二　火鉢

一　進める前の注意　灰は平素よくふるっておき、進める時は、灰ならしで山がたにならして火を囲み、火鉢の周囲に塵や灰がついていないかをしらべる。

二　持出し方　火鉢の大きさによって持方も変るが、普通の大きさで、手掛のあるものは、一方の手をその手掛にかけ、他の手を火鉢の底縁に掛けて持って出る。手掛の無い火鉢は特に持方に注意する。

三　進め方　客の少し手前で坐り、火鉢を置き、両手を手掛にかけ、膝行して客の左前に進める。この際手掛が客の方に向かないよう注意する。

四　客の心得　火鉢の上にひろく手をかざすことはよくない。又火箸で灰や火を弄(もてあそ)ばない。

三　煙草用具

一　煙草盆　手掛のないものは、両手で盆の両側を持ち、手掛のあるものは、一方の手で手掛を持ち、他の手で底の方より受けて持って出て、客の右向うに進める。盆の中の火入は客から見て左方、灰吹は右又は右向うになるようにする。

二　巻煙草盆　巻煙草のセットは煙草入を客から見て左、灰皿を右、マッチを中央にして卓上に備えつけておくのが普通である。

四　茶

一　進め方　茶碗は茶托又は茶台に載せて、左の掌に据え、右手で茶托の端を摘み、胸の高さに持って出で、客の少し手前で跪くか、坐るかして、一旦下におき、茶托の両端を摘んで進める。

二　飲み方　茶托のまま両手で引寄せ、茶碗が蓋付なれば、蓋は左手を添えて右手で取り、茶碗を右手に持ち、左手で底をうけ、一寸いただいて静に飲む。

五　紅茶・コーヒー

一　進め方　茶碗の把手が客の右になるようにして進め、匙は茶碗の手前に置く。砂糖は別の器で出すのを正式とするが、匙の上に置いてもよい。卓子で進める場合には盆に載せて左手に持ち、右手で進める。卓子の無い場合は手渡してもよい。

二　飲み方　角砂糖を入れて暫くの後、右手に匙を持ち、左手を添えて静にかきまわし、匙を受皿の向側に置き、把手を持って静に飲む。卓子の無い場合、受皿は左手に持つ。

六　菓子・サンドウィッチ

一　進め方　数人の客に対して一つの容器で進めるのと、一人ずつ別々に進めるのとの別がある。前のを取菓子、後のを引菓子という。いずれにしても生菓子の類には楊枝、又はフォークを添え、洋菓子の類には、更にティーナプキン（又は紙ナプキン）を添えることを忘れない。

1　取菓子を盛って出す場合　盛り方なり、盛る数などに注意する。

2　取菓子を蓋物で進める場合

蓋は形によって、両手で取るか、又は右手でつまみを持ち、左手を容器に添えて取り、

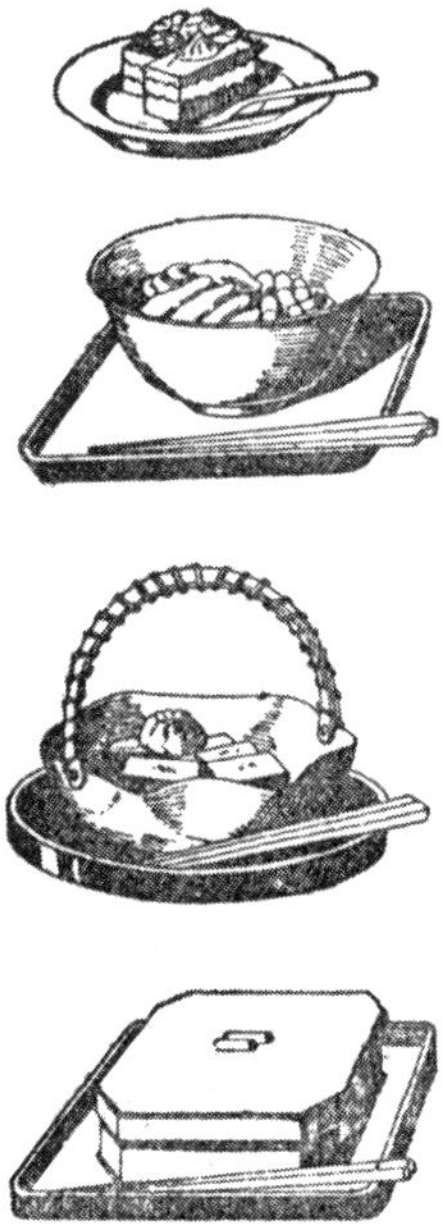

その蓋は客から見て、左又は向うの縁にかけておく。

3　引菓子を紙に取って進める場合　紙は二枚重ねるか、一枚を二つ折にして、其上に載せる。一枚紙を折る場合には、其折方に注意する。

二　受け方

取菓子の場合は、次席の人に挨拶して懐紙に取り、次席の方に向直し、挨拶して静かにおし進める。

三　たべ方

生菓子・洋菓子の類は楊枝又はフォークで適当に押切ってたべる。干菓子の類は適当に割り、左手のものを敷紙に置き、右手の方から食べる。引菓子の残りは持って帰るを礼とするが、長上に持たせ帰らすことはよくない。サンドウィッチは手で取って片手でたべる。手でちぎってはいけない。

七　果物

一　進め方　果物をそのまま進める場合には、よく洗って容器に盛り、ナイフ・フォークを添え、盆に載せて進める。この場合には指洗器に手巾（しゅきん）を添えて出す。

二　食べ方　一口にたべる分量ずつ切りとり、切りだめをしない。食べた後、皮や種子を見苦しくないようにしておく。

八　器具類その他

硯箱

1　進め方　料紙を載せて持出で、客の少し手前の所で坐って下に置き、蓋を取って右に置く。次に左手を突き、右手で水入を取り、左手を添えて、硯に

水を注ぐ。再び左手を突き、静に墨を磨り、硯箱を「の」の字形に廻して、進める。料紙は客の正面に、蓋は取廻して、硯箱の右（客より見て）に伏せておく。

2　使い方　料紙は入用の分を取り、残りは元の所に置き、筆をとる。筆は使ったら懐紙で軽く拭って箱に納め、蓋をして料紙を載せ、向け直して少し押出す。

書籍類

1　進め方　表面を手前に向けて左手に載せ、右手を添えて持出で、軽いものは掌の上、重いものは下に置き、向をかえて進める。

2　受け方　書籍類の右角を持ち、左の掌の上に取る。

錐(きり)・小刀類　柄を向うにし、刃を客の右になるようにして盆に載せ、又は手ずから進める。使用後は汚れを拭い、柄を向うにしてかえす。

杖・傘類　片手で柄の中央より下を持ち、片手を添えて右又は左横から渡すのが受け易い。

帽　子　リボンの結び目を自分の左にして、うつむけて進める。

団　扇　容器で進める場合には、左手に載せ、右手を添えて出す。一本の場合は表を上にして持出で、左手の上で取廻し、柄を客の方に向け、右手を軽く添えて進める。

第六章　包結び

親しい間柄に於て、吉凶禍福に対して慶祝同情の意を表し、又は恩誼（おんぎ）を謝すること等のために、まごころの籠った贈り物をすることは、社交上意義深いものである。しかしそれが虚礼に陥ったり、華美に流れるようになっては、礼の本義に背くこととなるから、固く戒めなくてはならない。

贈答の心得

一　**品物の選択**　吉凶の場合・季節・慣習等に応じ、先方の趣味・嗜好・便宜等に適したものを、交際の程度及び身分を考えてえらぶ。

二　**贈物の数量**　わが国では習慣上二と十以外の偶数を避ける。欧米人は十三の数を嫌うから用いない。

包結び

贈物は普通、紙で包み、水引を掛け、熨斗(のし)を添える。

一　包紙の種類　奉書・糊入・半紙等、贈る場合と、相手の身分に応じて択(えら)ぶ。

二　包紙の数　婚礼その他鄭重な場合には、二枚を重ねる。普通の場合には一枚、小形の品は一枚を二つ折にして包んでもよい。凶事には必ず一枚で包む。

三　包み方　先ず左方を折り、次に右方を折る。金子(きんす)や小さい物を包む場合には、更に上下を裏に折返す。凶事には左前に

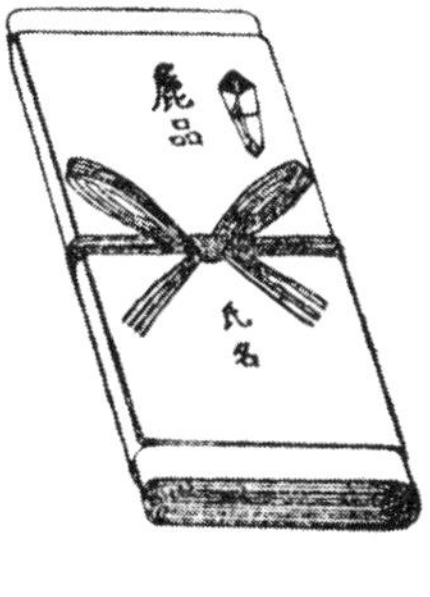

包む。

四　熨　斗　普通贈物には熨斗を添えるが、魚・鳥・卵・海藻等には添えない。凶事の贈り物にも添えない。

五　水　引　濫りに高価の品を用いることはよくない。

1　種類と用途　慶事又は平常の贈物には赤白、凶事には白か黒白を用いる。この外の水引は濫に用いないがよい。

2　結び方　白を左にして結ぶ。普通の場合両輪、婚姻・縁組及び凶事には結び切にする。

六　熨斗紙・熨斗袋　長上には勿論、改っ

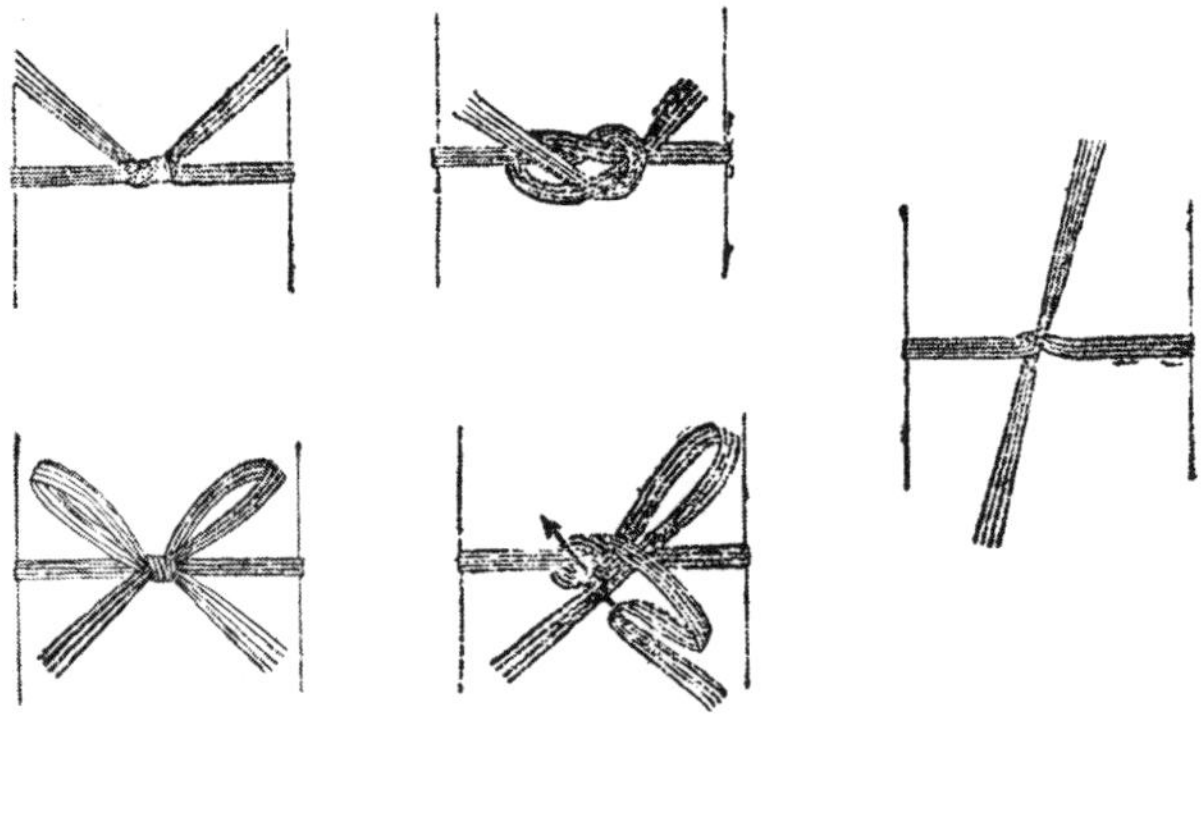

た場合にも用いない。

七　贈物の表書　表書はなるべく丁寧にしたためる。

1　表書　品目を記すか、又は「御祝」「御餞別（おせんべつ）」「御見舞」、神には「玉串料」、仏には「御香奠（ごこうでん）」、神仏等を通じては「御霊前」等の文字を記す。「進上」「贈呈」等と記すことがある。

2　表書の位置　品目等は中央上部に、自分の氏名は左方、若しくは中央の下部に書く。氏名の代りに名札を添えてもよい。金子包には包紙の裏面か、内部に金額を記す。

八　贈物は台・小蓋・盆等に載せて進める。

九　移紙　贈物の容具を返すときには移紙（うつりがみ）を入れるが、婚礼と凶事の場合には入れない。

一〇　目録　改った場合に添える。奉書を二つ折にし、折目を下にして品目・氏名等を丁寧に認め、之を内側にして三つ折にし、長熨斗を添え、台又は小蓋に載せて進める。

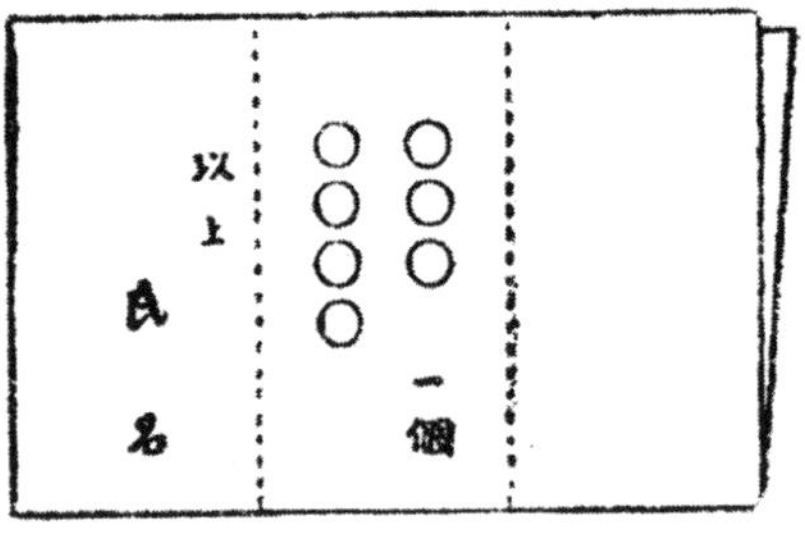

後篇

皇室・国家に関する礼法

第一章　皇室に対し奉る心得

われ等は世界無比の国体を有する帝国臣民として生れ合せ、祖先このかた限りなき皇室の御仁慈（ごじんじ）と御恩沢を蒙っているのである。われ等が心より皇室を尊崇し奉ると共に、皇室を宗家（そうけ）と仰ぎ、天皇を国の父として慕い奉るのも、固（もと）より国民の至情であって、皇室に対し奉る心得というもこの至情の現れに外ならないのである。

一　敬称・敬語　皇室に関する談話・文章には特に敬称・敬語の使用に注意する。

二　奉読・奉誦・拝聴　詔勅（しょうちょく）・令旨（りょうじ）を奉読し、御製（ぎょせい）・御歌（みうた）を奉誦（ほうしょう）し、若しくはこれを拝聴する場合には、姿勢を正し、謹厳な態度をとる。
皇室に関する談話はもとより、談話が皇室に及ぶ場合に於ても、同様の態度をとる。

三　拝観

1　御所・離宮　よく拝観規則を守り、決して軽々しき言動をしない。

2　御物　濫りに御物（ぎょぶつ）に近づいたり、又は手を触れたりしてならないのは勿論、すべて言語動作を慎（つつし）み、敬虔の態度を失わないようにする。

3　御遺蹟　御遺蹟拝観の場合もこれと同様にすること。

四　宮城前等を通行するとき

1　宮城（きゅうじょう）前　宮城に向って敬礼を行う。遠方の場合は正装でない限り、脱帽して敬粛の意を表する。

2　御所・行在所（あんざいしょ）又は御陵墓等の前　宮城前に於けると同様にする。

3　奉安所前　各学校の定めに従う。

五　御写真　新聞・雑誌等に謹掲された御写真は、その取扱に注意し、不敬に渉（わた）らないようにする。

六　御紋章　御紋章は濫に模写してはならない。尚すべて御紋章の附いているものの取扱は鄭重にする。

第二章　拝　謁

拝謁を仰せ付けられるということは、臣民として無上の光栄であるから、精神・態度ともに謹厳を保つことは言うまでもなく、服装その他それぞれの規定を守って、この光栄に浴すべきである。

一　単独拝謁

1　一位に対し奉る場合　御座の間の閾外で敬礼し、御座の間にはいって更に敬礼を行う。かくて屈体して御座の正面に進み、予め定められた位置に止って最敬礼を行い、屈体して後退し、出口で敬礼、閾外で再び敬礼して退く。

2　両位に対し奉る場合　前項の順序により、第一位の御座に最敬礼、横歩して第二位の御座にこれを行う。横歩は第二位に向って足を右横に進め、他の足を之に揃え、又次に右横に進めるのである。

二　列立拝謁

1　出御（しゅつぎょ）の場合　一同整列、出御を待ち奉って敬礼、御座につかせらるるや最敬礼、入御の時敬礼。

2　通御（つうぎょ）の場合　一同整列、通御を待ち奉って最敬礼を行う。

〔注意〕皇族王（公）族に対し奉っては、前各項に準ずる。

第三章　行幸啓の節の敬礼

行幸・行啓を拝する時は、之を拝する光栄を思い、忠誠のこころをこめて送迎し奉り、服装・態度等すべて不敬に渉らないように注意しなければならない。

一　通御を待ち奉る時の心得

1　鹵簿（ろぼ）を拝するには、御道筋又は指定された場所に整列し、静かに御通過を待つ。

2　老人・子供は前列に出し、警察官・係員の指図に従い、互（たがい）に秩序を重んじ、混雑を来さないようにする。

二　通御の時刻が近づいたら

傘は畳み、帽子・外套・襟巻・肩掛の類は脱いで姿勢を正す。但し雨雪の際は雨具着用のままでも已むを得ない。

三　通御の節

1　立っている場合

イ　御車（みくるま）の場合　御車が凡そ六十米（約三十間）の距離に近づ

いたときに最敬礼を行い、上体を起して、目迎（もくげい）・目送し奉る。

ロ　御召列車の場合　御召列車が凡そ二百米（約二丁）の距離に近づいたときに最敬礼を行い、上体を起して目迎・目送し奉る。

2　坐っている場合　前各項に準ずる。

四　その他の心得

1　鹵簿は塀越・窓越、又は高い位置から拝してはならない。

2　決して指さしなどをしない。

3　御通過後は喧噪に渉らないように退散する。

4　行幸啓の節の敬礼に関し、特別の規定あるものはこれに従う。

〔注意〕皇族王（公）族の御成の節は、公式の場合は前各項に準ずる。

第四章　神社参拝

神社は皇祖皇宗を始め奉り、建国の大業に参与した偉勲者、並びに君国に忠誠を抽んでた人々を祀ってあるわが国独特のもので、万邦無比を誇るわが国体の精華もここに存するのである。さればわが国民たるものは、心より神徳を仰ぎ、神社に詣でては、その恩恵を感謝すると共に、皇室の隆昌、国運の発展を祈るべきである。

一　一般の心得

神社参拝の際は、心身を清め、容儀・服装を正しくし、崇敬の誠を致すにふさわしくする。

二　神域に於ての心得

1　静粛を旨とする。

2　拝礼に先だって帽子・手袋・防寒具等を脱ぎ、手を清めること。雨雪の節は雨具着用のままでも已むを得ない。

三　修祓　特に鄭重な参拝を行おうとする時には、修祓（しゅばつ）を受ける。修祓を受けるには、祓主（はらえぬし）が祓具（はらえぐ）を携えて自分の前に一揖した時、浅く上体を屈して之を受け、祓い終って、祓主が一揖した時、元にかえる。

四　拝礼の位置　拝礼は拝座（普通の場合は拝殿の階下）に進んで行う。（拝礼参照）

五　団体参拝　一同神前に整列。代表者一名正中（せいちゅう）の拝座に進んで拝礼を行う。一同は代表者と共に自席で行う。（代表者玉串奉奠の場合には、拝礼は奉奠後に行う）

六　神社遥拝　遥拝の場合特にその方に向って式場を設けることも

あり、又略して行う場合もあるが、参拝の時と同様に拝礼する。団体遥拝は団体参拝の例による。

〔注意〕忌中のものは参拝を遠慮する。

第五章　祝祭日

祝日とは新年・紀元節・天長節・明治節をいい、祭日とは元始祭・神武天皇祭・春季皇霊祭・秋季皇霊祭・神嘗祭・新嘗祭・大正天皇祭をいう。共に国家が公に定められたもので、何れも宮中では厳かな祭祀が営まれる。この日、われら国民たるものは、皇室を中心として発展して来たわが国体のありがたさを思い、慶賀粛敬の意を致さなくてはならない。皇后陛下・皇太后陛下・皇太子殿下の御誕辰日も祝日に準じて奉賀すべきである。

一 家庭その他に於ける心得

1 国旗を掲げ、宮城遥拝はなるべく一家揃って行う。

2 祝日には折目正しき着物に着かえ、一家打寄って喜びの食事を共にする等、適宜の方法を以て祝意を表するようにする。

3 祝日には互に祝の言葉を交す。

二 祝日に於ける学校の儀式の順序方式

儀式は学校側に於て行われるのであるが、生徒としても一とおりはその順序方式等を弁えておく必要がある。

1 敬　礼　この敬礼で儀式がはじまる。

2 開　扉　この際一同上体を前に傾けて敬粛の意を表する。

3 拝　賀　学校長が最敬礼を行う際、一同同時に最敬礼を行うのを常とするが、学校のしきたりによって、学校長・職員・生徒各別々に行うことも差支ない。

4　君が代

5　教育に関する勅語奉読　一同は奉読の始まると同時に、上体を前に傾けて拝聴し、奉読の終ったとき、敬礼して徐に元の姿勢にかえる。

6　勅語奉答の歌を歌う場合は、勅語奉読の次に歌う。

7　学校長訓話

8　当日の儀式用唱歌

9　閉　扉　開扉の時と同じくする。

10　敬　礼　この敬礼で式は終る。

（参考）御写真を拝戴していない学校に於ては宮城遥拝を以て拝賀に代える。

三　参列者心得

1　服装を調え、容儀を正しくし、真心を以て終始しなければならない。

2　式場に入る際は一礼し、静かに式の始りを待つ。挙式中は特別の場合の外（ほか）出入しない。

第六章　軍旗・軍艦旗・国旗・国歌・万歳

一　軍旗・軍艦旗　軍旗・軍艦旗は帝国軍人が天皇陛下に対し奉ると同様に、絶大の敬意を表する御旗（みはた）であるから、一般国民も同様の心掛で、敬礼を行わねばならない。

二　国　旗　国旗は国家のしるしであり、日の丸の国旗は大日本帝国のしるしである。われ等日本国民は日本の国旗を尊重し、その正しき形や色、正しい掲げ方、正しい取扱かたを心得ておかねばならない。

外国の国旗に対しても相当の敬意を表すべきである。

1　国旗の取扱かた

イ　国旗はその取扱を鄭重にし、汚損したり、地に落してはならない。

ロ　国旗を装飾用に用いてはならない。

2　国旗掲揚の時と場合

イ　祝祭日其他公の意味ある場合にのみ掲げ、私事には掲揚しない。

ロ　開校記念日等の行事ある場合に国旗を掲げた時は、その行事が終ったら下ろす。

ハ　特別の場合の外、夜間は掲揚しない。

3　国旗の掲げかた

国旗掲揚の際には、旗布の上端は旗竿の頭に達せしめ、球と密接せしめる。

イ　掲揚の場所　国旗の尊厳を保つに足るべき場所に、なるべく高く掲揚する。

ロ　門口（かどぐち）に掲げる場合　単旗を本体とし、右側（外から見て左）に掲揚する。二旒（りゅう）を揚げる場合は左右に並立する。

ハ　室内に掲げる場合　旗竿を用いずに、上座の壁面に掲げてもよい。

4　外国の国旗と共に掲揚する場合

イ　並立の場合　わが国旗を右（外から見て左）とする。但し外国元首を迎えて、特別に敬意を表する場合には、外国旗を右（外から見て左）とする。

ロ　交叉（こうさ）する場合　わが国旗の竿を前にし、その本を左方（外から見て右）とする。

ハ　二ケ国以上の国旗を掲揚する場合　わが国旗を中央とする。

5　団体で行う国旗掲揚　一同旗竿に面して整列し、国旗が掲げ終るまで注目して敬意を表する。国旗を下す場合も之に準ずる。

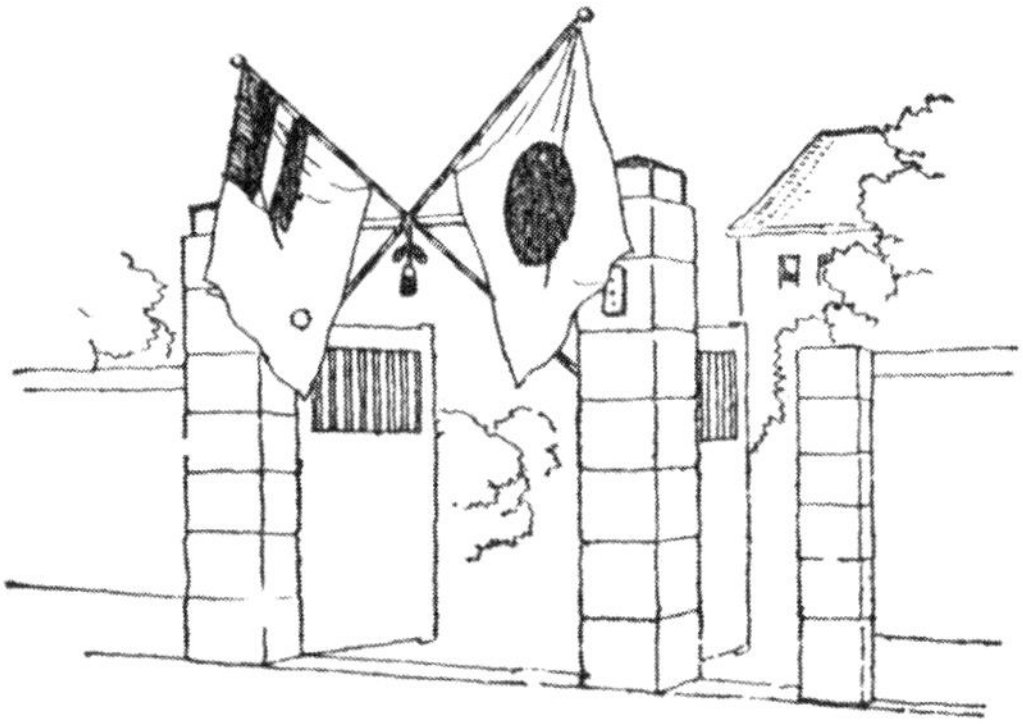

特別の場合

6 弔旗

イ 旗竿の上部に、旗布に接して黒色の布片を附け、球は黒布で蔽う。

ロ 半旗 竿頭から凡そ旗布の縦幅だけ下げる。

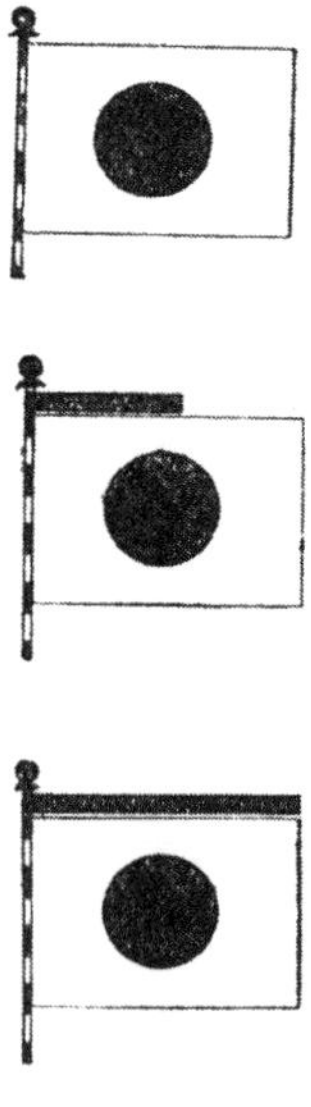

三 国歌

国歌は国がらを表した歌で、「君が代」は天壌無窮のわが国体を歌ったものである。われ等国民はその正しい意義、正しい歌い方、正しい作法を心得ておき、歌うときには姿勢を正し、真心より宝祚（ほうそ）の無窮を寿（ことほ）ぎ奉るべきである。

国歌を聴くときは、前と同様に姿勢を正し、謹厳の態度をとる。外国の国歌に対しても相当の敬意を表する。

四　万歳

1　万歳奉唱　天皇陛下の万歳奉唱は、適当な人の発声によって三唱する。

皇族王（公）族の万歳奉唱、若しくは大日本帝国万歳は三唱とし、外国の元首若しくは国家に対する場合も之に準ずる。

2　其の他の万歳　すべて一唱とする。之を繰返すことは差支えない。

3　奉唱の心得

イ　姿勢を正して脱帽、両手を高く挙げて、力強く発声、唱和する。

ロ　最も厳粛な場合は、全然挙手しないこともある。

ハ　万歳唱和後、拍手・談笑等喧噪に渉ることのないようにする。

4　万歳のうけ方　万歳唱和を以て祝われた人は、謹んで之をうける。団体が祝われる場合は、その代表者がこれを受け、他の団員も之に倣（なら）って謝意を表する。

家庭生活に関する礼法

第一章　居常

家庭生活に於ける日常の作法は、とかく忽(おろそ)かになり易い。しかしこれを実行することによって、礼法実践の習慣が養われるものであり、更に円満な家庭生活を営む上にも、大きな関係のあるものであるから、その作法が平易卑近であるからとて、決して等閑(なおざり)にすることはできない。

一　一般の心得　神明を敬い、祖先を崇(たっと)び、父母長上を尊んで、言語動作を鄭重にし、弟妹等に対しても、軽侮驕慢(きょうまん)の態度をつつ

しむ。

二　朝夕のつとめ

1　朝起きたら衣服を正しく著け、心身を清める。

2　朝夕神棚及び祖先の霊位を拝し、つぎに父母・長上その他に挨拶する。

3　寝具のあげおろしをはじめ、屋内屋外の洒掃（さいそう）を怠らず、なお出来る限り人の手助けをする。

三　身嗜み

1　常に髪・顔・歯・手足等を清潔にし、帰宅の際、食事の前などには手を洗う。

2　手巾及び靴下・足袋（たび）・肌着類等はつとめて洗濯を行う。

3　衣服は正しく着用し、帽子は正しく冠る。

4　化粧は生徒たる間は之をつつしみ、将来行う時にも目立たない程度にして自然美をいかすようにする。人前で化粧したり、服装をなおしたりしない。

5　鼻紙・手巾の類は常に用意している。

四　食　事

食事は時刻を一定し、なるべく一家打揃い団欒(だんらん)して行う。

五　外出・帰宅

1　服　装　外出の際は特に服装を正しくし、決して湯上り衣・簡単服のままで外出しない。

2　夜間外出　夜間はなるべく外出を避け、止むを得ない場合は同行者を伴うようにする。

3　挨　拶

イ　外出・帰宅の挨拶　外出の際は父母・長上に行先・用向・帰宅の時刻を告げて挨拶し、帰宅した時も挨拶を行う。帰宅が遅れるような場合には、なるべく早くその旨を知らせる。

ロ　送迎の挨拶　父母・長上の外出・帰宅には送迎の挨拶をする。

ハ　外出先に於ける挨拶

1　登校・下校・出勤・退出の際は長上・友人に挨拶する。構内で長上に逢った時は敬意を表する。

2　途上で父母・長上・知人に逢った時は挨拶する。

3　父母・長上と同行の場合、父母・長上が挨拶する人に対しては、直接知らない人でも敬意を表する。

六　物品に対する心得

1　取扱方　物は大切に取扱い、使用に堪える限り使用し、整理整頓に気をつけ、物の置き方、履物の脱ぎ方等もなおざりにしない。

2　自他の別　濫に人の物に手を触れない。

3　貸借　物品の貸借は慎重にし、用済の後は速に返戻(へんれい)して謝意を表する。

七　浴場・便所

1　浴場　入浴の際は流し場や、湯を汚さないようにする。

2　便所　使用後特に注意して、汚れを留めないようにする。

第二章　屋　内

屋内に於ける作法は、日本家屋と洋館とによって異なり、又相手の如何により、場所によって相違があるから、常に練習を重ね、時に臨んで、過(あやまち)のないようにすることが肝要である。

一　室の出入　室に入る時は襖・障子の外から一応ことわる。洋室ならばノックして許を得る。

二　襖・障子の開閉

開閉に関する注意

イ　襖・障子は跪坐して開閉する。但し洋風にこしらえた室、又は人の居ない室へ入るには跪坐するに及ばない。

ロ　開閉は静かにして音を立てない。

ハ　開閉はすべて引手を利用して行う。
引手の無い場合は下の桟(さん)に手をかける。

ニ　開放(あけはな)し、しめ残しをしない。

三　扉の開閉

右開きの扉ならば、右手に把手を持って開き、身体をまわして室に入り、把手を左手に持かえて扉をしめる。

四　敬礼

1　室に入ったら敬礼する。長上に対しては次の間、又は敷居際で先ず敬礼し、室に入って更に行う。

2　敬礼は襖・障子・扉等を閉じて後に行う。開放しの場合はそのままにして礼をする。

3　先客があれば敬礼する。その室に主人がいれば、主人・先客の順序に行う。

4　腰を掛けている時、長上が室に入って来た場合には、椅子から起って敬礼する。

五　座席

1　座席の上下　日本間では床のある方、洋間では壁炉のある方を上座とする。それらの無い室では、入口より遠い方、又は正面を上座とする。

2　座席は主人の勧(すすめ)に従う。一応辞退するもよいが、遠慮に過ぎるのは礼でない。

六　歩くときの注意

1　足を擦ったり、足裏を見せないようにする。

2　物を跨いだり、踏んだりしてはいけない。敷居や畳の縁は踏まないようにする。

3　人の前は通らないようにして後方を廻る。已むを得ない時は挨拶して通る。

七　座蒲団・椅子

1　長上の前では座蒲団（茵）を敷かない。敷くには許を得てからにする。椅子も許を得て掛ける。長上より先には掛けない。

2　挨拶の時は座蒲団をはずして下座におりる。

八　応　対

坐った人に対しては、必ず坐って応対・授受する。答礼の場合もこれに準ずる。

九　廊下　廊下は静かに歩き、必要以外に走ってはならない。高声の談話は慎む。

一〇　行逢の礼　校内の心得中、廊下・階段に於ての心得を守る。

第三章　服装と服制

衣服には人の品位が表われるものであるから、その選択に当っては、自分の身分・年齢・季節・場合等を考え、みだりに流行を追うことなく、自分の見識によって取捨(しゅしゃ)し、之を着用するにも、十分品格を保つように注意しなくてはならない。

一一　一般の心得

1　服装は簡素・清潔・端正を旨とする。

2　公私の儀式の場合の服装は服制による。服制によらない制服、業務による服装も、礼服として用いる場合がある。

3　喪服及び喪章は制規・慣習等に従って着用する。喪服には喪章を用いない。

二　男子の服制

1　男子の公式礼服及び一般礼服　左表による。

		種類		著用の場合
公式	洋服	大礼服	制式による	拝賀、参賀、宮中諸儀
		通常礼服（燕尾服）	別記	参賀、御礼、儀式、晩餐会、夜会
		通常服（フロックコート）（モーニングコート）	別記	拝謁、参賀、御礼、儀式、観桜・観菊御会、餐宴
		制服	制式による	右に同じ
		喪服	制式による	
	国民服	礼装	制式による	

一般			
国民服	礼装	制式による	儀式、訪問、餐宴、其の他
和服	礼服（紋付羽織袴）	別記	儀式、餐宴、其の他
和服	略式礼服	別記	訪問、餐宴、其の他
和服	喪服	別記	
洋服	燕尾服	別記	儀式、晩餐会、夜会、其の他
洋服	フロックコート モーニングコート	別記	儀式、訪問、餐宴、其の他
洋服	制服	制式によるもの 制式によらないもの	儀式、訪問、餐宴、其の他
洋服	喪服	別記	

2　男子の洋服　左の例による。

一　燕尾服

帽　シルクハット（喪を服する者は黒羅紗又は黒紗を以て中帯を巻く）

上衣　黒羅紗（喪を服する者は黒羅紗又は黒紗を左腕に纏う）

ズボン　黒羅紗
チョッキ　白リネン（儀式には黒羅紗）
シャツ　ホワイトシャツ
カラー　立襟又は折襟
ネクタイ　白蝶形
手袋　白革
靴　黒エナメル
靴下　黒
外套　黒無地

二　フロックコート、モーニングコート
帽　シルクハット　山高を用いてもよい。
上衣　黒羅紗

ズボン　縞（喪には黒を用いることがある）
チョッキ　黒羅紗・白リネン
シャツ　ホワイトシャツ
カラー　立襟又は折襟
ネクタイ　結び下げ（白及び黒の蝶形は用いない。喪には黒の結び下げとし、ネクタイピンを用いない）
手袋　茶又は鼠色の革（喪には黒又は鼠色の革）
靴　黒革
靴下　黒
外套　無地物
3　男子の和服　左の例による。但し地質は適宜紬（つむぎ）・木綿・縮（ちぢみ）等を用いてもよい。

一　礼服

(1)　冬物

上著　羽二重、黒、五つ紋。色変りを用いることもある。

下著　羽二重、白を正式とする。茶又は鼠色を用いてもよい。

襦袢　白。下著の共色(ともいろ)を用いてもよい。

帯　角帯。兵児帯(へこおび)を用いてもよい。

袴　縞、襠(まち)のあるもの。

羽織　羽二重、黒、五つ紋。紐は白。

扇子　白

足袋　白

履物　草履

(2) 夏物

上著　絽（ろ）、黒、五つ紋。浅黄色、生平（きびら）を用いてもよい。

下著　用いない。

襦袢　白

帯　角帯。兵児帯を用いてもよい。

袴　縞、襠のあるもの。

羽織　絽又は紗、黒、五つ紋。紐は白。

扇子　白

足袋　白

履物　草履

二　略式礼服

上著　無地物（黒を除く）又は縞。

羽　織　黒、五つ紋又は三つ紋。
下著、襦袢　白の外適宜。
その他は礼服に準ずる。

三　喪　服

礼服と同じ。喪章を用いない。

三　男子の服装についての注意

1　国民服　従来背広服その他の平常服を著用した場合に著用するのを例とする。

2　国民服礼装　国民服を著用し、国民服儀礼章を佩(お)びる。従来燕尾服・フロックコート・モーニングコートその他これに相当する礼服を著用した場合に著用するのを例とする。

3　フロックコート、モーニングコート

イ　ネクタイ　蝶形を用いてはいけない。色物結下げとする。喪服の場合の外黒ネクタイは用いない。

ロ　折返しのズボンは用いない。ソフトカラー・白手袋・赤革の靴・帯革も用いない。

4　和服

イ　長上に対しては固より、改った場合の訪問、接客には袴をつけるがよい。

ロ　暑中でも肌著を用いず、又は素足の儘で人を訪問したり、長上の客に接したりしない。

四　女子の服制

1　女子の公式礼服及び一般礼服　左表による。

		種類		著用の場合
公式	洋服	大礼服（マントドクール）	別記	拝賀、宮中諸儀
		中礼服（ローブデコルテ）	別記	参賀、宮中諸儀、晩餐会、夜会
		通常服（ローブモンタント）	別記	拝謁、御礼、宮中諸儀、観桜・観菊御会、餐宴
		通常服（ヴィズィテングドレス）	別記	右に同じ
		喪服	制式による	
	和服	礼服（袿袴）	制式による	拝賀、参賀、宮中諸儀
		通常服（袿袴）	制式による	参賀、天機奉伺、御機嫌奉伺、御礼、観桜・観菊御会
		喪服	制式による	
一般	和服	礼服（白襟紋付）	別記	儀式、餐宴、其の他（御礼及び観桜・観菊御会には通常服の代用）
		訪問著（縫紋の類）	別記	訪問、餐宴、其の他
		喪服	別記	
	洋服	イーヴニングドレス	別記	晩餐会、夜会、其の他
		アフタヌーンドレス	別記	儀式、訪問、餐宴、其の他
		喪服	喪服制式通常服に準ず	

2　女子の洋服　左の例による。

	服地・色合	衣	帽	手袋	扇	靴
大礼服（マントドクール）	絹地淡色華麗なもの	袖は極めて短いか又はなし。裾は流行により長短あり。「トレイン」を長く曳く	用いず。髪には宝石白の羽毛を飾る。白色「チュール」を垂れる	白革長きもの	用う	衣と同色又は類似の絹製
中礼服（ローブデコルテ）	右に同じ	右に同じ。但し「トレイン」は無し胸は広く開く	右に同じ但し「チュール」無し	右に同じ	用う	右に同じ
通常服（ローブモンタント）	絹地色合適宜但し華麗に過ぎざるもの	袖は長し。但し流行により長短あり胸は閉ず	用う	用う	用う	黒エナメル
通常服（ヴィズィテングドレス）	右に同じ	袖は稍々長し但し流行により長短あり	用う	用う	時節により適宜	黒エナメル
イーヴニングドレス	服地、色合、型、其の他略々ローブデコルテに同じ					
アフタヌーンドレス	絹地又は薄地の毛織物色合適宜	袖及び裾の長さは流行によりて長短あり	用う	用う	時節により適宜	黒又は色のエナメル

3　女子の和服　左の例による。但し地質は適宜紬、木綿、縮等を用いてもよい。

一　礼服

(1) 冬物

上著　縮緬(ちりめん)、羽二重。黒又は色変り、五つ紋。模様は裾(すそ)模様。

下著　羽二重、縮緬等。白。色変りには共色を用いてもよい。

襦袢　白襟。色変りには色物を用いてもよい。

帯　丸帯

帯揚　白

帯留　白、丸絎(まるぐけ)

扇子　白又は塗骨(ぬりぼね)

足袋　白

履物　草履

(2) 夏物

上著　絽、絽縮緬等。黒又は色変り、五つ紋。模様は裾模様。

下　著　絽又は練（ねり）。白

襦袢　地質は絽、絽縮緬等。白

帯　　丸帯

帯揚　白

帯留　白、丸絎

扇子　白又は塗骨

足袋　白

履物　草履

二　訪問服（略式礼服としても用いる）

上　著　色変り。裾模様、江戸棲（えどづま）模様

無地物（黒を除く）、小紋（こもん）等

縫紋、三つ紋

帯　　丸帯（薄手）、袋帯等

下著、襦袢、帯揚、帯留の色合は白の外適宜。

略式には羽織を用いてもよい。

三　喪服

上著　黒無地紋附。地紋も模様もないもの。

下著　白

襦袢　白

帯　　黒、丸帯

帯揚　白

帯留　白、丸絎

足袋　白

履物　草履

五　女子の服装についての注意

1　高貴の前又は儀式の場合には、羽織は用いない。紋附の羽織でも著るのは礼でない。

2　薄物を著るときは、殊に襦袢・肌著等に注意しなくてはならない。

3　しごきや細幅帯等の儘で人の前に出てはならない。

4　洋装の場合、外出には昼は帽子を用いる。帽子は礼服及び訪問著の場合の外、男子の例による。

5　学校の制帽並にこれに準ずるもの、及び外套の著脱は、男子の例による。

第四章　食　事

衣食住は人間生活に欠くべからざるものであるが、中でも、食物は人命を繋ぐ最も大切なものである。われ等は米を常食としているが、米はわが国土の恵と、農耕者の粒々辛苦の賜（たまもの）であって、一粒の米といえども、之を粗末にすることは、勿体ないこととして、父祖以来戒められて来たものである。

食事に際しては、その都度感謝の意を表すると共に、長幼の序を正し、互に相親しみ、朗かに、静かに、品よく、落ついて食うことが肝要である。家庭に於てこの躾を行えば、これが子女教養の一助となり、やがては社交上に於ても、儀礼を欠かないようになる道である。

一　一般の心得

1　食事には容儀を整え、姿勢を正しくすること。

2　食事の前には手を清めること。

二　食事の順序・方法

甲　飯をたべるまで

1　一礼する。

2　飯椀の蓋をとる。蓋は左手で取り、上向にして他の手であしらい左側に置く。

3　汁椀の蓋は右手で取り、上向にして他の手であしらいつつ、右側に置く。

4　飯の給仕（きゅうじ）を受けるには、飯椀を両手で出し、通い盆に置く。時によっては片手でもよい。

5　飯椀を受取ったら、一旦膳に置く。
6　右手で箸を執り、左手を添え、揃えて持つ。

乙　食べかたと順序

1　飯椀を取あげ、一口・二口たべる。
2　汁を一口吸い、実をたべる。
3　次に飯をたべて、汁又は右の方の菜に移る。あとは香の物以外何をたべてもよい。但し菜から菜へ移らないように、菜をたべたら飯をたべ、それから次の菜に移る。
4　飯の替りには飯椀に一口飯を残し、箸は膳の縁に掛けて待つ。
5　飯汁の再進を受けたら、一旦膳に置く。

丙　飯が終ったら

1　飯椀の中に飯粒を残さぬようにして湯茶を受ける。香の物はこの時にたべ、この以後なまぐさはたべない。

2　箸はちょっと飯椀の湯茶に入れて清める。

3　湯茶を飲むには、左手で飯椀を取上げ、右手を添えて飲む。

4　食事が終ったら、蓋は取った時と反対の順序に掩い、箸は揃えて膳の手前に落しておく。

5　一礼する。

三　食事中の注意

1　箸は長上が執った後に執る。

2　椀や箸は持ちかたを正しくする。

3　すべて膳・食卓の右側のものは右手で取上げ、左手に移してたべる。左側のものは左手で取あげる。

悪い例

4　頸を曲げたり、こごみかかったりしない。
5　落ついて静かにたべ、音を立てないようにする。
6　食物を口にしながら談話しない。
7　食事中の談話は静にし、特に話題に注意する。
8　食器の位置を乱したり、箸・膳等を汚したりしない。
9　汁の実は椀を手に持ってたべる。
10　飯は粥・茶漬の外は搔込まない。
11　人前では楊枝を用いない。止むを得ない時は左手で掩って用いる。楊枝を口にしつつ歩くのは不作法である。

悪い例

四　給仕の心得

給仕は之を行う場合に応じて多少の手心を要するが、要するに聊(いささ)かでも不潔不快の感じを与えたり、又窮屈な思をさせたりしないよう心懸けねばならない。以下会食に於ける給仕の心得をもこめて説明する。

1　給仕に出る前には爪を切り、頭髪をととのえ、服装を正し、足袋も清潔なものにはきかえておく。

2　給仕に出る時には手を清める。

3　食物を運ぶときは、息のかからない程度に保ち、膳の上を見越さぬようにする。

4　飯椀・汁椀等の縁に手を触れないようにする。膳・盆等の進撤にも、縁に拇指（おやゆび）のかからないようにする。

5　給仕中決して髪や衣類に手を触れない。

6　配膳はすべて主客から始める。

7　膳を進めるには、客の方に向けて持出で、客の手前適当の処で跪（ひざまず）き、少し進んで膳を置き、両手で静に押進める。

8　最初と最後に一礼する外、進撤ごとに一々礼するに及ばない。

9　給仕中は盆を膝前に置いて姿勢を正し、必要以外に口を利いてはならない。しかし接待の都合ではつつましく応答する。

10　飯は一杓子（しゃくし）のみで盛らないようにする。

11　酒食を強いるのはよくない。

12　卓子の場合は洋風を適当に斟酌（しんしゃく）する。

第五章　訪問

訪問には慶弔（けいちょう）・見舞・挨拶等社交に関するものもあり、又紹介・依頼など実用に関するものもある。いずれも相互の親善、社交の円滑を計るものであるから、欠くことのできない礼儀である。

訪問にあたっては、服装・態度等敬意を失わないように心掛け、殊に訪問のために先方に迷惑をかけることのないようにすることが肝要である。

一　予め先方の都合を問合わせ、指定の時間には正確に訪問する。

二　面識の無い人には知人の紹介を得

て訪問する。已むを得ぬ場合には、便宜の方法で、先方の諒解を得て後に訪問する。

三　訪問には濫りに人を同伴しない。同伴の場合には、予め諒解を得る。

四　訪問は急用又は約束・指定の場合の外、早朝・夜分・食事時・及び暴風雨の時を避ける。祝祭日・日曜日の訪問は、親しいもの以外は遠慮する。

五　訪問するときの服装は、質素にして礼を失わない程度にする。

六　訪問したときは名刺を出し、又は氏名を明確に告げ、簡単に来意を告げる。

七　名刺の字体は楷書で印刷したものを用い、殊更小形のもの、又は金縁模様入等は避ける。

八　普通の訪問には手土産を持ってゆかない。

九　挨拶はなるべく簡単にして、用向を速かに述べる。長座しない。

一〇　濫りに家具調度に手を触れたり、批評をしたりしてはならない。

一一　辞去の際、見送られたら一応は辞退し、見送りを受けたら挨拶する。

一二　辞去の際、雨具・防寒具等の着用を勧められたら、挨拶して

着ることは差支ない。なお玄関で簡単に用事を終えて辞去するような場合には、雨着・防寒衣をぬぐに及ばない。

第六章　応接・接待

客を迎える所、即ち玄関・応接間・客間等は常に清潔整頓に注意し、適当の装飾を加えて感じよくしつらえ、又客に対しては温雅の態度を以てのぞみ、礼儀ある中にも親しみをもち、客をして窮屈な思(おもい)をさせないよう、誠意を以て接しなければならない。

一　取次の心得

一　来客があったら、直に出て一礼し、名刺を受けるか、又は氏名を尋ね、再び一礼、退いて取次ぐ。

二　取次の際、客の服装・態度等によって取扱をかえてはならない。

三　客を案内するには、先行して客間の入口に行き、戸・障子等を開けて客を通し、椅子又は座蒲団を進めて後、挨拶を行う。

四　客が客室に通ったら、直にその携帯品を始末し、履物等を整えておく。

五　客には茶、若しくは茶菓・煙草盆又は灰皿等を進め、季節によっては、之より前に火鉢、若しくは団扇(うちわ)の類を進める。

二　応接・接待の心得

一　応接・接待は容儀・服装を整えてする。

二　来客には速に面会する。

三　面会の出来ない場合、已むを得ず待たせなければならない場合等には、懇に事情を述べて謝する。

四　長上の来訪は親ら玄関に出迎える。

五　応接中は不快倦怠の様子を見せないようにし、又なるべく脇見、書見、中座などをしない。已むを得ず中座するときは、断って起つ。

六　招待以外の場合は、茶若しくは茶菓を進める程度とする。

三　談話の心得

1　先方の談話は傾聴してその意を尽さしめ、自分だけ話し続けな

い。

2　談話は順序よく、簡明に要領を述べ、音声は適度にして早口・冗弁を慎む。

3　談話は話題に注意し、特に国家の機密に渉ると思われることは親密の間柄にても話さない。

4　他人の話に差出口をしたり、話の腰を折ったりしてはいけない。

四　客を送る時の心得

1　客が辞去する時は玄関まで見送る。但座(ただし)に長上のいる場合は、ことわって見送らなくともよい。

2　客が辞去するのを強いて引止めない。

3　客が玄関を去ると、すぐ戸や扉を閉じたり談笑したりなどしてはいけない。

第七章　通　信

手紙・電報・電話等は談話・応答の代りに用を弁ずるものであるが、それ等は顔色や容姿によって心持を表すことが出来ないから、面談よりも一層細心の注意が必要である。即ち成るべく平易にして、簡明正確に、且(かつ)つとめて敬意と親愛とを失わないように心掛けなくてはならない。

一　書　状

1　一般の注意

長上に対する通信、又は改った場合の通信は、巻紙に認め、便箋・葉書等は用いないがよい。

2　材料の選択

封筒・巻紙・便箋等は其の選定に注意し、色彩や模様のあるものは濫に用いない。

一　巻紙　普通には白、特に改まった場合には白奉書の巻紙を用いる。

二　封筒　封筒はその形や大きさに注意し、色は改まった場合には白、普通には白、又は無地のものを用いる。

三　便箋　つとめて実用を旨とし、模様・色彩等の為に文字の鮮明を欠くが如きものは避ける。

3　巻紙のかきかた

一　よく墨を磨(す)って書く。薄墨は凶事以外には用いない。

二　巻紙の表裏、及び書始めの前に継目のないよう、又継目に文字のかからないように注意する。

巻紙は書始めを多く、書終りを少しあける。

天地も適当にあける。

4　本文を書く時の注意

一　氏名・敬称・官職等はもとより、熟語等も二行に跨(また)らないように書く。

二　尊称は行の下部に、自称は行の上部にならないように書く。

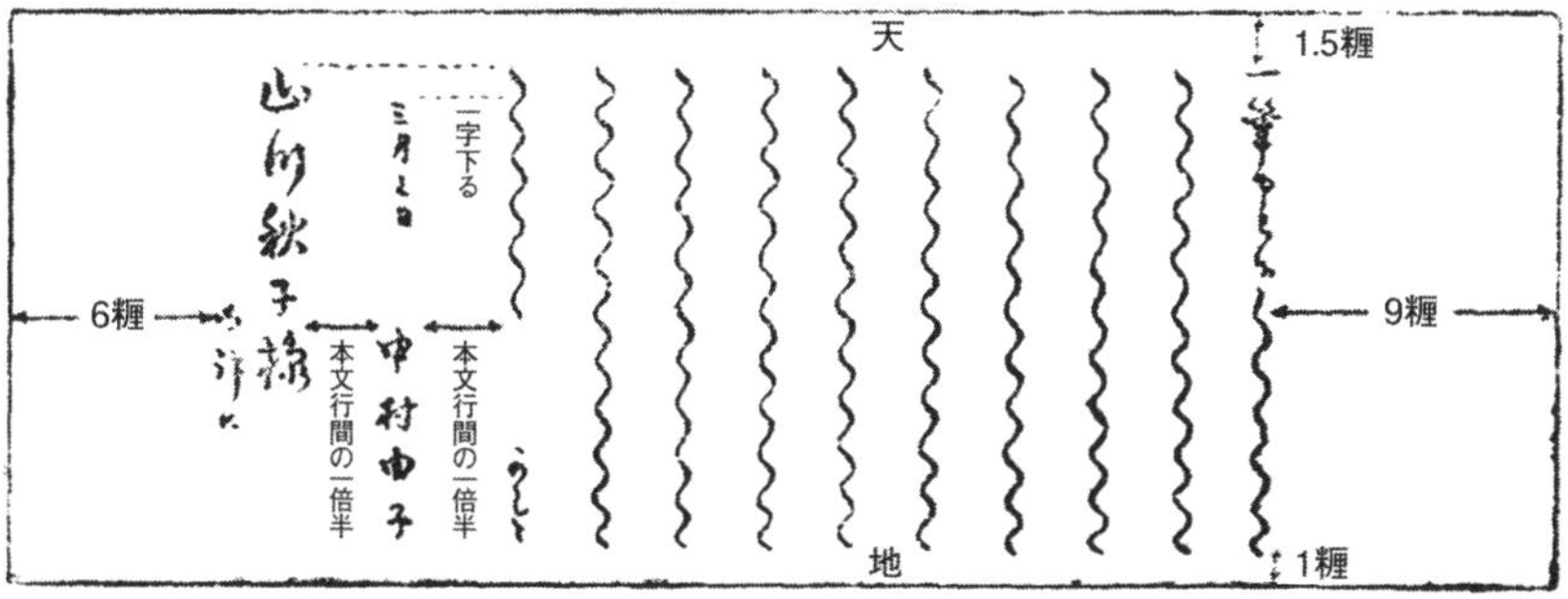

三　「御」「奉」等が行の最後になったり、「候」「ます」「ました」の類が行の最初になったりしないように書く。

四　「かしこ」「さようなら」等の結語を殊更あて字で書くのは見苦しい。結語は行頭に書かない。

5　後　付

一　日附は本文より一二字下げて書く。

二　署名は名ばかりを書くこともあるが、長上に対しては氏名を略さずに書く。

三　差出人が連名の場合には地位の低い者から書く。

四　宛名は長上に対しては高目に書く。

五　宛名が連名の場合は地位の高いものから書く。

六　敬称は普通には「様」を用い、公式には多く殿を用いる。

七　脇附は普通「御許」「御前に」又は「まいる」等の語を敬称の左下にやや小さく書く。

（参考）便箋を用いる場合には、後附は本文の前に書いてもよい。

6　書終えた後の処置

一　書終りに少し余白をのこして、巻紙を切る。

二　全文を読かえし、脱字・誤字がないかあらためる。

三　巻紙は表を内にして終の方から巻く。この際宛名が折目にかからないようにする。

四　返信を乞う時は相手と場合によって、返信用の切手・葉書等を添えてもよい。

五　封筒に収めるには、手紙の表を封筒の表の方に向けて入れる。

7　封筒

一　封じ目の文字は大きくなりすぎないように書く。

二　発信者・受信者の住所・氏名は明瞭に書く。

三　角封筒を縦に用いる場合には逆封にならないように注意する。

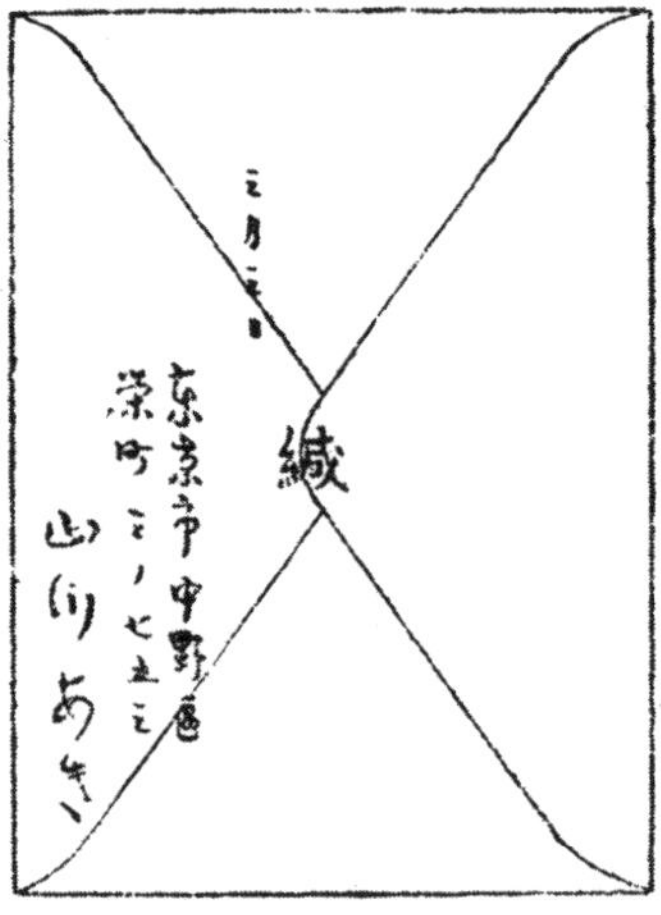

二　電報

電文は簡明を旨とし、失礼にならない程度に於て敬語を省いてよい。

三　電話

一　電話では最初に自分の氏名を告げる。

二　電話は冗長を避け、相手と面談する心持で、礼を失わないようにする。

三　已むを得ない場合の外は、長上を電話口に呼出してはならない。余儀なき場合には、自分が電話口に出る。

四　特別の場合の外、深夜には電話をかけない。

（注意）四は電報においても同じ心掛を要する。

第八章　紹　介

紹介は従来知合わなかった人と人とが交際し、又交渉を始める基を為すもので、極めて大切なものである。されば苟くも紹介を受ける者の迷惑となるべき紹介は之を避け、一旦紹介した上は、十分責任を負うべき覚悟をもたなければならない。

紹介には直接口頭で行う場合と、紹介状を用いる場合とがある。

甲　口頭による紹介

一　口頭による紹介の順序は、目下を目上に、年少者を年長者に引合す。

二　紹介の際には被紹介者の氏名を告げ、必要によりその職業及び自分との関係等を述べる。

三　紹介されたら名刺を渡し、適当に挨拶する。

四　名刺を受けたら、答礼として自分も名刺を渡す。但し地位の高い人はこの限りではない。

五　他人の名刺は丁寧に取扱う。

乙　書状による紹介

一　書状による紹介は、概ね用件を伴うものであるから、紹介者は紹介する者の氏名・用向はもとより、職業・経歴・自分との関係等を書添え、場合によっては、その人物・性行等をも記載する。

二　紹介状は開封のまま渡すか、又は一応紹介する者に示した後、封をして渡す。

三　長上に対して紹介する場合には、予め紹介の旨を通じておく。

四　紹介状の代りに名刺を用いるのは略式である。長上に対しては用いない。

五　紹介してもらった者は、紹介者に対して、結果の報告をする。

第九章　慶　弔

人の喜びをわが喜びとして之を慶し、人の悲しみをわが悲しみとして之を弔することは人情の美点である。此のうるわしい人情が、何等かの形によって表れると、相手の喜びは一層の喜びとなり、その悲しみは和らげられるのである。されば知人の結婚・出産・入学・就職・入営・出征等の慶事若しくは死亡・災害・病気等の凶事を知った場合には、心より慶弔の誠を致すべきである。

一　一般の心得

1　祝賀・弔慰にはなるべく自ら訪問する。已むを得ない時は、代理又は書状を以てする。これに対しては必ず答礼する。

2　祝賀・弔慰には場合に応じて相当の服装をする。特に弔慰の場合には目立たない服装をする。但し必ずしも礼服・喪服を用いるには及ばない。

二　結婚縁組

1　結婚・縁組は一生一度の大礼であるから、其の儀式は最も厳粛を要する。

2　結婚・縁組の儀式は形式や方法が如何様であっても、因習に捉われたり、形式に陥ったりしないで、よく礼の精神を酌み、簡素を旨とする。

3　結納・支度・披露等はその意義を弁え、万事質素を重んじ、虚飾・虚礼・贅沢にならないようにする。

4　結婚・縁組の贈物は誠意を表すのを旨とし、度に過ぎたものは贈らない。但し贈物は普通は披露の案内を受けて後にする。

三　葬儀

1　葬儀は人生最終の大礼であるから、手厚く行い、故人の徳を傷けないようにすることが肝要である。

2　葬儀は虚礼に陥らないようにする。親疎の別なく、死亡通知を出すが如きは戒むべきである。

3　葬儀の係員は役割を定めて事務を分担し、混雑を来さないよう、予め細心の注意を払っておく。

4　葬儀の係員は静粛にして慇懃（いんぎん）鄭重を旨とし、会葬者・弔問者に対し礼を欠かないように心掛ける。

5　供物（くもつ）をする場合には、誠意を旨として、度に過ぎないようにし、先方の宗教によって品物を選び、金包（かねづつみ）の場合は適当な表書をする。

6　通夜は近親のみで行い、他は長座を避け、適当の時刻を見はからって辞去する。

7　葬儀の式場に於てはまず霊位に拝礼し（この際神道の葬儀に於ては忍び手にする）次に斎主若しくは導師、喪主の順に敬礼する。

通夜、祭典、若しくは法要の場合も之に準ずる。

8　葬儀弔問の帰途には祝賀の訪問は勿論、一般の訪問も遠慮する。

四　答礼

1　贈物・供物に対しては鄭重に謝意を表する。返礼の品を贈る場合は重きに過ぎないようにする。

2　弔問の答礼は忌明（きあけ）の後にする。

〔注意〕

一　慶弔の儀式に於ける席次は、親等の順位によって定め他人に及ぶ。饗宴の場合は概ね他人を先とする。

二　出産・賀寿の祝賀、祭典又は法要、その他見舞等に就いては本章の趣旨に準じて行う。

第十章　招待

招待はその種類と目的とによって方法を異にするが、如何なる場合にも、質素を旨とし、よく誠意を披瀝し得ることに心がける事が肝要である。又招かれたものも自分の都合のみを考えず、なるべくその厚意を受けるようにし、互に満足し合うことにしなければならない。

甲　招待する者の心得

改った場合、長上を主賓として招待する時には、親しく訪問して懇請しなければならないが、普通は口頭又は書状を以てする。

一　招待状

1　遅くも一週間前までに発送する。

2　忌中の人には場合により招待を遠慮する。

3　文字・文章は鄭重に認める。

4　招待状の内容

イ　招待の事由・日時・場所を明記する。

ロ　必要と思われる場合には、正客（しょうきゃく）・相客（あいきゃく）の氏名を通じ、又服装に就ても知らせておく。

ハ　必要あらば返信用のはがきを同封しておくもよい。

謹啓　時下益々御清祥の段奉慶賀候
陳者今般松山茂殿御夫妻の御媒酌に依り義弘長男太郎と實藏三女順子と婚約相整い来る四月十九日（日曜日）結婚式挙行可致候に就ては右御披露旁々粗餐差上度候間御多用中洵に恐縮の至に奉存候え共同日午後五時上野精養軒へ御来臨の栄を賜り度此段御案合申上候

敬具

昭和十七年四月吉日

吉田義弘
池上實藏

三田善吉殿
同　令夫人

追て時局柄御祝品等は固く御辞退申上度不悪御諒承賜度候
なお乍御手数来る四月十二日迄に御来否御一報賜り度御願申上候

二　招待当日の心得

甲　招待をする者の心得

1　内外の清掃及び適当の装飾をする。
2　家人一同服装を適当にする。
3　なるべく主人みずから客を迎える。

乙　招待を受けた者の心得

1　招待を受けたときは、直に出欠席を明らかにする。出席の旨を答えた後、已むを得ない故障の生じた時は、速にその旨を通じて謝する。
2　服装は招待の趣旨に適するように注意する。服装は土地の情況・地方の風習・職務の別等によって斟酌（しんしゃく）してよいが、如何な

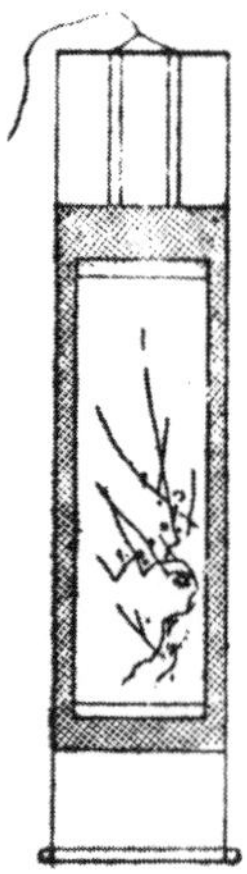

る場合にも、清楚を旨とすべきである。

3　参列は指定時刻の前十分以内がよい。

4　座席は主人の勧に従う。固辞するのは礼でない。

5　退出は正客である場合には、頃合を見て先ず主人・主婦に挨拶して退出し、その他の場合は、正客の退出を待つ。已むを得ないときは目に立たないようにして退出する。

6　応召後はなるべく早く礼に行くか、又は直ちに礼状を出す。

社会生活に関する礼法

第一章　近　隣

近隣との敦（あつ）い交際はわが国古来の美風であるが、大都市に於ては必ずしも実行されているとはいえない状態にあった。然るに隣組の制度が設けられて以来、土地の如何を問わず隣保相親しみ、相扶（あいたす）け、協力以て事に当り、共存共栄の実を挙ぐるに至っているのは、誠に喜ばしいことである。隣保の交際は婦人の力に俟（ま）つものの多い事実に鑑み、われ等は一層相互の親睦を図り、一致団結してわが国民生活を更に強靱ならしめるよう努めなければならない。

一般の心得

近隣は国民組織の本となるものであるから、常に親和協力し、進んで相共に公共の務（つとめ）を全うしなければならない。

日常の心得

一　近隣は互に日常の挨拶を欠かないようにする。

二　近隣に事がある場合には、訪問して慶弔・慰問の意を表し、場合によっては進んで手助けをする。

三　近隣は互に注意して道路・下水等を清潔にし、公共のものは特に丁寧に取扱う。

四　近隣は互に迷惑をかけないように心掛け、ラジオ・蓄音機の如きも他の妨げとならないようにする。この心遣いは近隣に病人があるとか、不幸のある場合に特に必要である。

五　近隣打よって人の噂をし合ったり徒に雑談に耽（ふけ）ってはいけない。

六　近隣の集会は時間を厳守する。

七　近隣の集会は凡そ次の順序で行う。

1　開会の挨拶

2　国民儀礼

3　伝達・報告

4　協議・懇談

5　申合せ

6　講話・和楽（わらく）

7　閉会の挨拶

八　転居の場合には、来るにも去るにも挨拶を欠かない。挨拶を受けたら答礼する。この際物品を贈る場合には、誠意を表すに足る程度でとどめる。

第二章　公衆の場所

甲　一般の場所に於ける心得

一　多数集合の場所に於ては慎みの心を失わず、秩序を重んじ、軽々しい行動をしない。

二　混雑せる場所では老幼をたすけ、之を保護する。

三　室に入るとき、正装の洋服でない場合には帽子をとる。外套・コート類は特別の場合の外著用しない。

四　高声の談話・放歌など、すべて人の迷惑になることは慎む。

五　濫りに遠方から人を呼びかけてはいけない。

六　人を注視したり、指さししたり、振返って見たり、耳語したり、又隙見・盗視・立聞するなど、他人の様子に関心を持つような振舞はしない。

七　人が失策や過失をした時は、見て見ぬ振をし、決して笑ったり、嘲（あざけ）ったり、咎（とが）めだてをしたりしない。

八　関係の無い人を特に見ながら話をしない。

乙　特定の場所に於ける心得

(1)　講演会演説会等

一　話を聴きつつ談笑したり、中途で退席したりして、人の妨（さまたげ）をしない。

二　話を聴きつつ新聞を見たり、扇子を使ったりするような無作法をつつしむ。

(2)　音楽会

一　幼児を伴わない。

二　演奏の間は出入を遠慮する。
三　演奏を聴きつつ拍子をとったり、隣の人とささやき合ったりしない。
四　演奏の曲全部が終るまで拍手をしない。
五　アンコールは演奏者の迷惑にならないよう注意する。

(3)　病　院

病院では出来るだけ静かにして、廊下の歩き方、戸の開閉にも細かな心づかいを必要とする。他の病室をのぞきこむのは失礼である。

以上の注意は学校・工場等の見学にも必要である。

丙　団体行動

団体が公衆の場所に出入するときは、指導者の命に従い、よく統制を保つことは勿論、一般の人の迷惑にならぬように行動する。

第三章　公共物

公共物は公衆の人々と共に利用して、相互の福利を増進するための施設であるから、十分にこれを愛重し、公衆の福利を全からしめるよう心掛なくてはならない。

甲　博物館・美術館・陳列館等

一　人が込合う場合には列を作って入場し、列を作って観覧する。

二　よく規定を守り、特に掲示事項に注意し、静粛に真面目に観覧する。

〔注意〕植物園・動物園に於ても同一の心掛をもつ。

乙　図書館

一　閲覧に関する規程・掲示に注意し、すべて掛員の指示に従う。

二　書籍は大切に取扱い、汚損、紛失等のないようにする。

三　辞書・新聞等の如く貸出手続によらないものは、閲覧後必ず元の位置に整頓しておく。

四　館内では音読・談話を慎み、足音や物音を立てないようにする。

五　濫りに閲覧の席を変更しない。

丙　公衆電話

一　電話機・加入者名簿等の取扱を丁寧にする。

二　用向は簡単に通話する。

三　他人の通話を立聞したり、使用の妨になるようなことをしない。

第四章　道路・公園

道路は社会のすべての人の通路であり、公園はそれ等の人の慰安のために設けられたもので、わが家に於ける廊下並に庭園に相当するものである。さればわれ等は道路に対しては之を愛護し、之を美化することに協力すると共に、よく交通道徳を守り、公園に於てはその風致を害しないようにし、人と与(とも)に楽しむという心掛を失ってはならないのである。

甲　道路に関する一般の心得

一　交通道徳

イ　歩道の左側を通行する。

ロ　信号を厳守し、一定の横断路を横切る。

ハ　以上の外すべて交通に関する規則に従い、安全に敏速に且つ静粛に行動するようにする。

ニ　団体行動の場合は、指揮者の指揮に従い、規律正しく行動する。

二　道路の美化　道路は清潔を保つと共に、美観を損しないようにし、特に次の事柄に注意する。

イ　街路樹や草花を愛護する。

ロ　痰唾を吐き、紙屑等を棄てない。

三　道路通行上の心得

イ　特別の場合の外走らない。

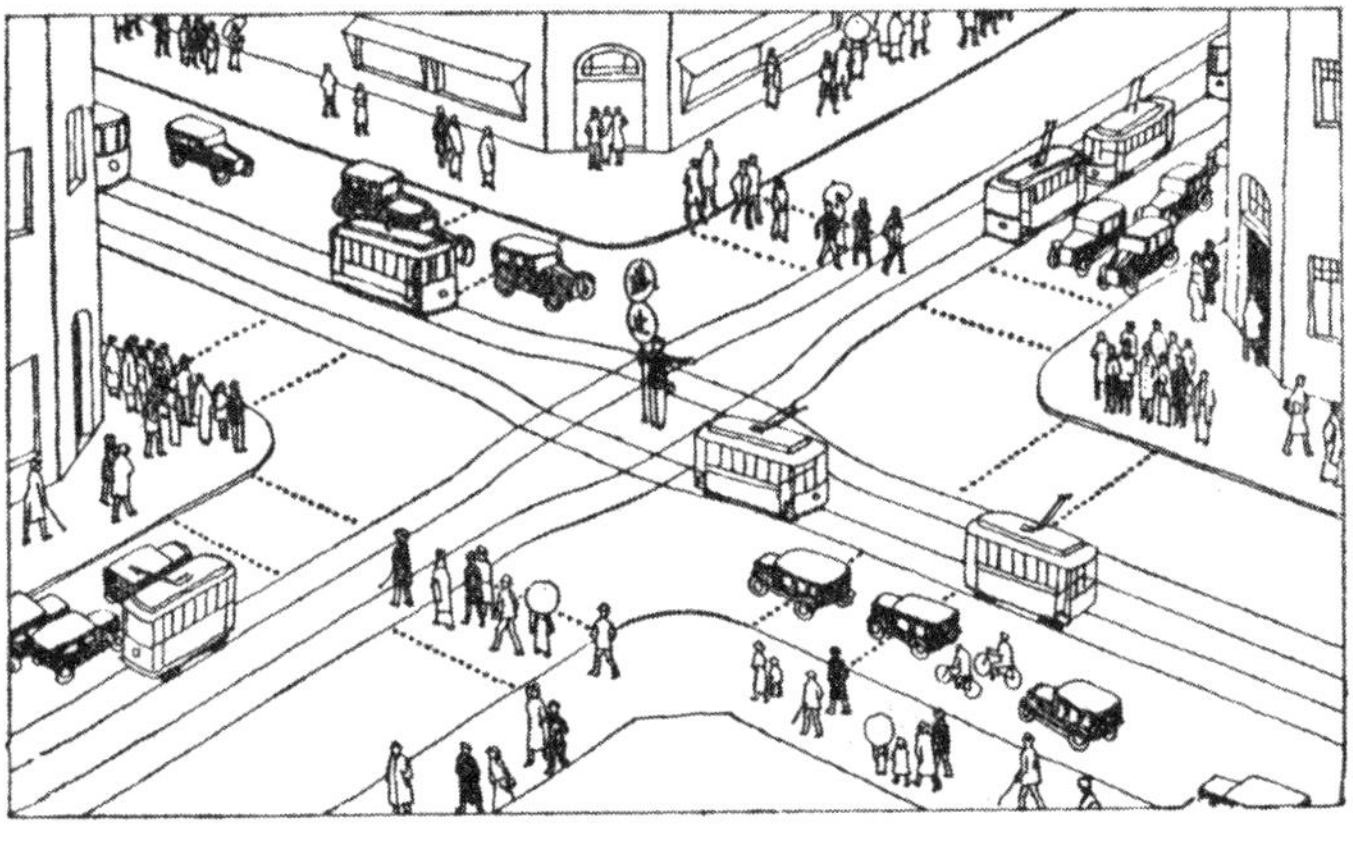

ロ　放歌・口笛・高声の談話を慎む。
ハ　懐手(ふところで)をしたり、ポケットに手を入れたままで歩かない。
ニ　路上では長々しい挨拶や用談をしない。已むを得ず用談する場合には、通路の妨げにならない場所を選び、簡単に用談を果すようにする。
ホ　行列は横切らない。

四　人と同行する場合の心得

1　一般の場合
イ　人と同行するときは足並を揃える。
ロ　多人数同行する場合には適宜縦列をつくる。
2　長上と同行する場合
イ　長上と同行する場合には、その後又は左側に従う。但し路上では危険を考慮して車道の側をゆく。

ロ　同行の長上に対して、敬礼する人があっても、敬礼をしない。

ハ　先方が長上と同輩、又はそれ以上の地位の人の場合には、敬礼をする。

ニ　長上と同行の場合、知人に逢っても、挨拶を交す程度にとどめ、濫りに談話しない。

五　その他の場合

一　長上に行逢った場合には、数歩手前で立止り敬礼する。この際襟巻・外套・コートなどは脱ぐに及ばない。

二　イ　葬列に逢った時は、柩に対して弔意を表する。

ロ　護国の英霊に対しては拝礼する。

三　人とすれ違った後、振返って見ない。
四　道を聞き、物を尋ねるときは、言語・態度を慇懃にし、教えるときは出来るだけ親切にする。

乙　公園・遊園地

一　公園・遊園地等では、よくその規則を守り、禁止区域に入ったり、危険な遊(あそび)をしない。
二　濫りに草木に手をかけない。
三　紙屑・たべ殻の類は必ず屑箱に入れる。屑箱の無い場合は持去って、適当な場所で処置する。
四　備付のベンチや運動具等を独占してはならない。

第五章　交通・旅行

交通機関は道路と同じく社会公衆の公共機関であるから、之を利用するものは、交通道徳を守り、混雑の気節等には不急の旅行を差控えて、その価値を増大するように努め、乗車船の場合は互に楽しく旅行の行えるように心掛けなくてはならない。

切符を求める時の心得

一　なるべく釣銭の要らないように、料金を用意する。
二　決して先を争わず、多人数のときは列をつくる。
三　車内で求める切符は乗車後なるべく早く求める。
四　乗越・経路変更等の場合には、出来るだけ早く申し出る。

乗降に関する心得

一　乗降は秩序正しく敏活にして先を争わない。
二　老幼病弱者を先に乗降せしめるように仕向ける。
三　乗る者は降りるものの降尽すのを待って順序よく乗る。一列乗車の定めのある所では、順位を紊（みだ）さないようにする。
四　自動車の場合には乗るときは長上を先にし、降りるときは目下の者が先に降りる。（自動車は一般に右側を上位とする）

船車内に於ての心得

一　電車、バス等では、長上老弱に席を譲るべく、殊に傷痍軍人には必ず譲る。譲られたときは挨拶する。
二　座席は濫りに広くとらない。
三　荷物は座席や通路を塞がないように始末し、あまり大きなものや、人に不快を感ぜしめるようなものは持込まない。

四　以上の外船車内では服装・態度・言語・動作等に注意し、同乗者に迷惑をかけ、又は不快を感ぜしめるような振舞は慎しむべきである。即ち

1　車内では脚を組んだり、前に長く伸ばしたりすること。

2　周囲の人の同意なしに、窓を開閉すること。

3　扉をあらあらしく開閉すること。

4　隣の人の読物を覗き見すること。

5　隣の人を隔てて談話すること。

6　いねむりして人に倚りかかること。
7　ぬれた雨具を不注意に取扱うこと。
8　幼児を履物のまま窓辺に倚らせること。

五　その他注意すべきことは、
1　汽車・汽船の内で食事時間でもないのに濫りに飲食すること。
2　たべ殻、紙屑等の始末を怠ること。
3　洗面所を長く使用したり、あたりを濡らしたりすること。
4　喫煙・放談等により他人に迷惑をかけること。殊に深夜の船車内で行うこと。

旅館・ホテル・汽船等に於ける心得

一　旅館ではすべて同宿人に迷惑をかけないように心掛ける。夜遅くまで放歌・談笑して他の安眠を妨げるようなことをしてはならない。

二　ホテル・汽船等で室を空ける時は、必ず鍵をかける。在室のときも入口をあけ放しにしてはならない。

三　他人の室をのぞいたり、又許を得ないで他の室に出入してはいけない。

四　室を出るときは、服装その他見苦しくないようにする。ホテル・汽船等では室外に出る時は必ず靴をはき、スリッパは浴室に行くときの外用いない。

五　ホテル・汽車・汽船等の食堂に出るときは、必ず服装を装える。

入浴の心得

一　流し場・浴槽等を汚さないようにする。

二　湯水を無駄にしない。

三　西洋風呂では浴槽の外に水をこぼしてはならない。直ちに入って浴槽中で洗い、出るときは栓をぬいて水を流す。

団体旅行の心得

一　団体の旅行には指揮者の命に従い、決して気儘な行動をしない。

二　団体の旅行には特に一般の人の迷惑にならないように心がけ、荷物の整理・座席の後始末等にも注意する。

第六章　集会・会議

集会はその種類の如何を問わず、同一目的を以て集るのであるから、円満にその目的の達するよう、互に礼儀を守り、謙譲を旨とし、自制して自分勝手の言動を慎まねばならない。

主催者の心得

一　期日前適当な期間をおいて、要項を関係者に通知する。

二　会場の選定・設備をはじめ、開閉会の時間・行事・協議事項の整理より接待に至るまで周到に準備を整え、参会者に満足を与えるように努める。

参会者の心得

一　集会の通知を受けた時、出席有無の答を要する場合には速に返事する。

二　出席の回答後已むを得ず不参する場合には、速に通知して違約を謝する。この際物質上の迷惑をかけてはならない。

三　参会者は定刻十分前までに会場に到着する。

四　参会者は諸事係員の指図に従い、又掲示に注意する。

五　会場の出入には秩序を重んじ、先を争ったり遠慮に過ぎたりせず、静かに且機敏に行動する。老幼には先を譲る。

六　会場では広い場所をとったり、座席を争わない。

七　著席・離席の際には隣席の人に会釈する。

八　集会の席では、耳語・高声の談話、野鄙（やひ）な言動をしない。集会の性質によっては幼児を伴わない。

九　集会中は極めて静粛にし、なるべく退出しない。已むを得ず中座する場合には、目立たないようにする。

一〇　閉会以前の退場は失礼である。

集会

一　会議に於てはすべて議事規則・慣例に従い、質疑すべき場合に意見を述べたり、討議中に質問したり採択後に自説を主張するが如き不作法を避け、互に礼儀を守り、円満に議事の進行を図るように協力する。

二　議長は議事の進行と議員の意向に注意し、慇懃にして威厳を保ち、温和にして機敏を失わず、特に公平を旨とする。

三　発言は議長の許可を得て後にし、濫りに他の人と談話を交えない。

四　意見の公表は構想を練った後、適当な用語によって、順序よく要点を簡明・的確に述べる。

五　他人の公言中は静かに傾聴し、それが反対意見であっても、妨害になるような言動を慎む。

六　会議は特別の事情のある場合の外、欠席したり、又は会議中濫りに議席を離れたりしない。

第七章　会　食

人を招いて饗応するにも、種々の場合があり、又方法がある。しかしいずれにしても社交を主とするものであるから、よくその趣旨を考え、招くものは慇懃にまごころをこめてもてなし、室内の装飾などに至るまで心を配り、招かれる者は衷心(ちゅうしん)より厚くその志を受けなくてはならない。

一般の心得

一　主人側はなるべく来会者一同に接して、すべての人に満足を与えるようにする。

二　主人側は隣合せの客同志が未知な時は、食卓に導く前に紹介しておく。

三　主人側は勿論、来会者側もなるべく広く談話を交え、殊更懇意の人とだけ集ったり、話したりしない。

四　食卓では前又は隣席の人と談話する。大声を発したり、哄笑してはならない。

五　食卓での談話は特に話題に注意する。

席次

一　席次は凡そ次のように定める。

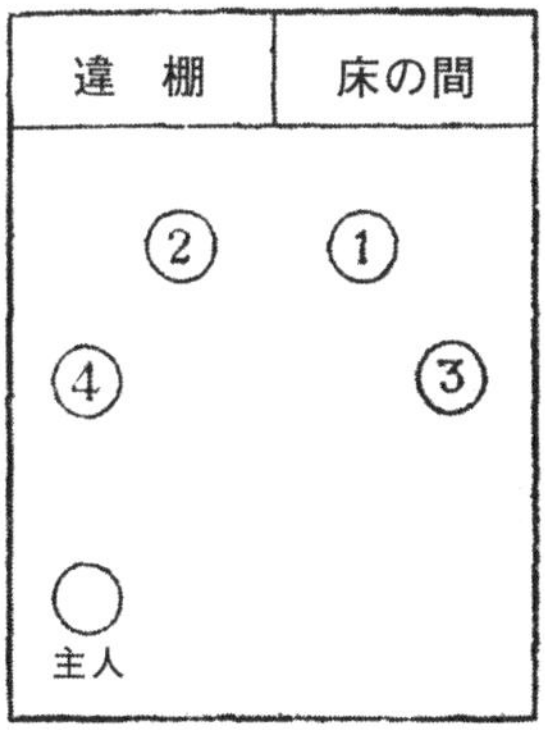

和室

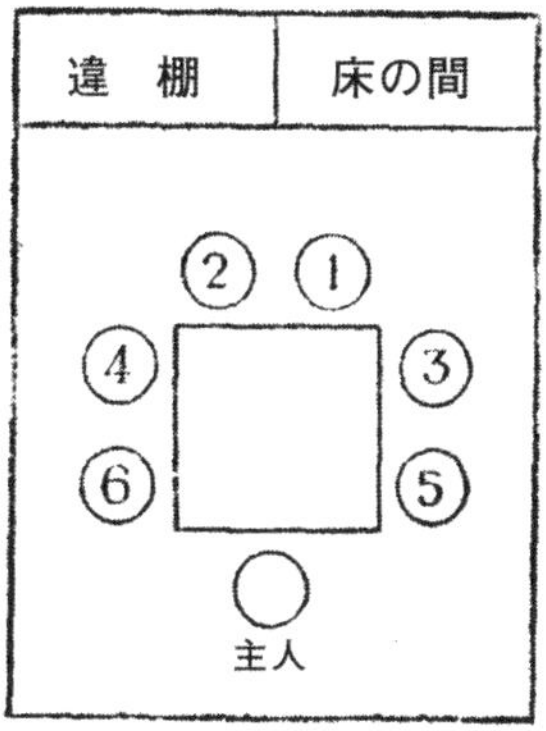

洋室（一）

二　主人の席は末座に設ける。但し洋式では首座とし、男女交互に席を配する。

三　座敷では夫婦並んで坐る。但し洋式では向い合って席をとる。

四　結婚披露の食卓では夫婦客の席は並べてもよく、向い合いにしてもよい。但し洋式では主人夫婦は正しく向い合い、客夫婦は斜に向い合にする。

五　多人数のときは席次表を備え、座席には名札を置く。

六　主人は客が着席し終るのを待って着席する。

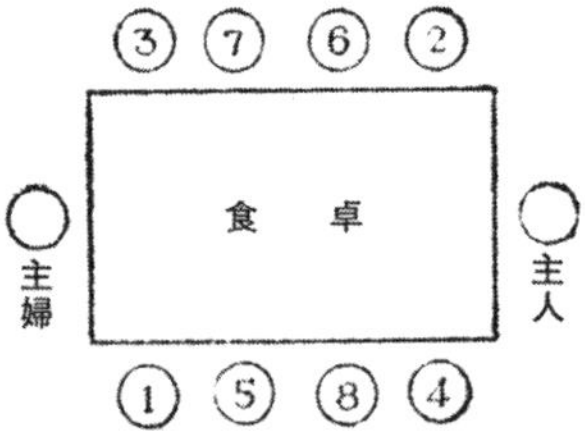

洋室（二）

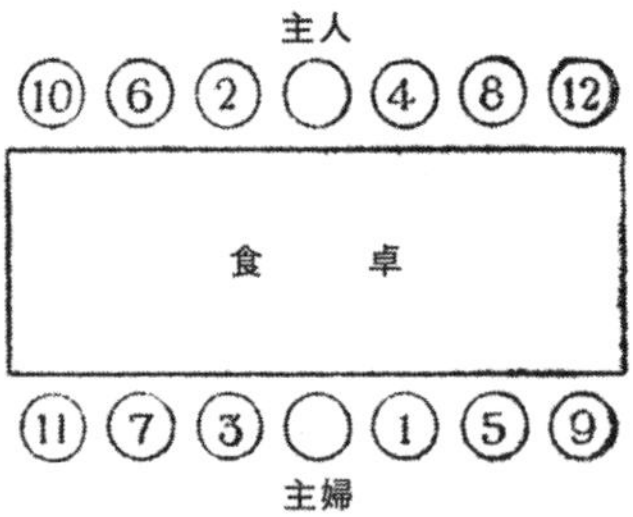

和食

一　配膳が終ったら主人まず挨拶し、これに対して主賓が答礼を述べる。

二　主人の勧によって主賓は蓋を取り箸を執る。他は之に倣う。

〔注意〕　主人側

一　料理はなるべく自分の家で作ったものを進めるがよい。

二　料理の品数や分量はその場で食べてしまわれる程度にする。たべ残しの料理を持帰らせるのは礼でない。

客　側

一　食後は器の中の見苦しくないようにする。但し食器をすすいだり、拭ったりしない。

二　盃のやとりとりは廃止するがよい。但し長上からさされた場合は、戴いてから酌を受ける。長上へ自分の方から盃をまず進めるのは礼でない。

三　飲食は周囲と調子を合せ、早すぎたりおそすぎたりしないようにする。

洋食

一　食事までの心得

一　食卓につくには椅子の左側より掛け、椅子を十分前に引いて、腰を深く掛ける。

二　食卓に肱（ひじ）をついてはいけない。手首だけ軽く掛けるのは差支ない。

三　ナプキンは最初の料理の出る頃に拡げる。口辺（こうへん）・指頭を拭う程度に用いる。

四　食事は上席者が食べ始めるまで待たなければならないが、多人数の場合は両隣に配られたらたべ始めてよい。

五　飲物は飲まない時は注ぐのを断る。

〔注意〕飲物は自分の右側、パンは左側が自分のものである。

二　食事のときの心得

一　スープはスプーンの向縁で掬い、スプーンの端より三分の一くらいの所で静に飲む。皿を傾けるには、左手で手前の縁を持ち向うに傾ける。カップの場合は右手に把手を持って飲む。

二　パンはスープが出てからたべはじめる。デザートコースにはいったらたべない。

三　パンは指で割いてたべる。バタはバタナイフ又はテーブルナイフを用いる。

四　ナイフ・フォークは外側のものから使用する。魚用のナイフ・フォークは魚以外には用いない。

五　ナイフ・フォークなどを誤り用いたと

き、途中で気がついてもその儘にすませる。

六　ナイフで食物を口に運んではいけない。ナイフの必要のない時は右手にフォークを持ってたべる。

七　途中で飲物をのみ、又はパンをたべるために手をあげるときは、ナイフ・フォークは皿の上に交叉するか、又は八字形に皿の縁に掛けておく。この場合フォークは伏せ、ナイフは刃を内側に向けておく。

八　飲物をのむときは、先ずナプキンで唇を拭い、カップを汚さないようにする。

九　持廻りの料理はたべないものは断ってもよいが、取った料理は残さないでたべる。断るには軽く合図をする。手を振ってはいけない。

一〇　たべ終ったらナイフは刃を内側に向け、フォークは仰向にして皿の右斜に揃えて置く。

三　デザートコース

一　挨拶はデザートコースに入る前にする。

二　乾杯は一同起立して行う。

三　フィンガーボールは敷物ごと皿の外に置く。その水は指頭を清めるだけに用いる。清めるには片手ずつ指尖を清め、ナプキンで拭う。

四　卓上の菓子・果物は給仕の進めるのを待って皿の上にとる。

五　ナプキンは立つとき軽くまとめて卓上に置く。元のようにたたんではいけない。

六　メニューは持って帰るがよい。

〔注意〕

1　食事は周囲と調子を合せ、遅速を加減する。

2　皿の上にこごみかからないように、上体をやや前に傾ける。

3　ナイフ・フォークを用いる時肱を張らない。軽く脇につける。

4　人の前に手を伸ばして物を取らない。給仕又は隣人を煩（わずらわ）す。

5　飲物をこぼしたり、物を落したりしても狼狽せず、目立たないように給仕をよぶ。

6　食事中に煙草をのんではいけない。

7　濫に周囲を見廻さない。

四　給仕の心得

一　食卓にも客にも心を配り、目を離さないようにする。但し注視はいけない。
二　客の談話や動作を笑ってはいけない。
三　客には必要以外口を利かないのは勿論、食堂では挨拶や敬礼をしない。
四　婦人・老人の着席のときは椅子を後より押し、立つときは引く。

支那食

一　食事の時の心得

一　支那茶は茶碗が蓋附ならば、その蓋を取らずに、少し向うへずらして飲む。
二　料理は同一容器から各自の箸・匙で取ってたべる場合と、各自の取皿に取分けてたべる場合とあるが、何れの場合でも、主人の勧を待って先ず主賓が取った後、順に他の客も取る。飲物も同様である。

三　一つの料理を幾度取ってもよいが、好むものばかりたべるのはよくない。

四　料理は菜単（さいたん）（献立表）を見て量を加減し、後に出るものにも箸のつけられるようにする。

二　挨拶と乾杯

一　挨拶は正菜中の最も重い料理、即ち燕窩（えんか）又は魚翅（ぎょし）等の出たときにするのが通例である。

二　乾杯は主人の挨拶がすんだ後、主人から請（こ）うのを例とする。

三　乾杯は主人着席のままならば、客も着席のままでよい。

四　乾杯は満洲・支那では杯を傾け、飲み乾したことを明らかにして卓上に置くのを例とする。

園遊会

一　園遊会等では席を争ったり、又は長く席を独占してはいけない。
二　園遊会等の際、用意の卓子から茶菓等を取分けて来る場合には、先を争わない。又分量はその場でたべるだけを取り、多きに過ぎないようにする。
三　退出は、主賓があればその退出後、無ければ時を見計い、長居をしないで任意退出する。
四　客が多数の場合は主人側に挨拶をしないで退出してもよい。

第八章　競　技

競技は広く之を解釈すれば、武道を包含することは勿論であるが、武道には武道固有の礼法が厳存しているから、ここには之を除き、普通の競技即ち陸上競技・水泳等に関する心得を述べることにしている。

競技は之を行うものも、之を観るものも、審判員等の役員も、渾然一体となり、理想的な雰囲気の中で理想的に行われるようにしなければならない。それが為にはそれ等の総てが誠意と熱意を持ち、互に礼儀を重んじ、その立場々々に応じて、十分にその分を守ることが肝要である。殊に競技者にありては、競技を以て、単に力を争い技を競うものとせず、競技を通して人格の錬成に資することを期せなければならない。従って練習のときといえども競技同様に心得べきは勿論である。

一　一般の心得

一　競技会に於ける開会・閉会の行事は特に厳粛を旨とし、式は関係者はもとより、観覧者をはじめ場内に在る者すべて荘重（そうちょう）に行う。

二　競技場に在るものは、競技者・観覧者の別なく規律を重んじ、秩序を尚び、容儀・服装・言語・動作を慎んで野鄙粗暴に陥ることなく、競技場の明朗厳粛を保つようにする。

二　競技者の心得

一　競技の始と終には対手（たいしゅ）方に対して敬礼を交す。

二　競技を行う場合には、特に態度に留意し、競技の規則を厳守して、公明正大に行う。

三　競技は全力を尽して行い、中途で気を挫(くじ)いて止めてはならない。
観衆の歓心を買うような振舞は最も卑しむべきである。

四　競技中の合図・掛声・激励等は必要の限度にとどめ、粗野に渉らず、人をいらだたせることのないようにする。

五　競技者は競技を行っていない時も、容儀を紊したり気の緩んだような態度をしない。

三　競技場

競技場は常に清美を保ち、必要でないものは場内に留めず、又用具類の取扱を粗略にせず、その始末に注意する。

四　役員

一　審判員その他の役員は特に容儀・服装に注意すると共に、軽々しい言動をしない。

二　直接関係のない競技の際には競技場に出ない。

五　観覧者の心得

一　観覧者は競技場の規則によく注意する。
二　観覧者席が指定されている時は、空席があっても之を自由に使用しない。
三　競技の妨害となるべき振舞はもとより、苟(いやし)くも人に不快を与えるような言動を慎む。
四　観覧席を汚さないように注意し、席を去るときは、あとを片付けておく。

六　応援の心得

一　団体をつくって応援する時は、指揮者の統制に服し、秩序正しく気品ある行動をとる。

二　すべて応援は真面目で、野鄙に陥らず、対手たる競技者の精神を乱したり、失敗を喜ぶような事をしない。なお次の諸点にも注意する。

1　対手の美技に対しても拍手を吝(おし)まぬだけの襟度(きんど)をもつこと。

2　審判者の判定に対して不服を言わぬこと。

3　味方の不公正を蔽(おお)うような言動を慎むこと。

七　優勝旗の授与

一　優勝旗を受けるものは、右手で竿の中央を下から持ち、左手は上から竿の下部にかけ、旗の頭を右にして、稍々(やや)斜に持って受取る。

授けるものはこの形に受取れるようにして渡す。

二　賞状・賞牌(しょうはい)・優勝旗等の授与式には、参列者一同敬意を表し、時に祝意を表するため拍手を送ることもある。

第九章　雑

戦没軍人並にその遺族等に対する心得

戦没軍人・傷痍軍人並にその遺族・家族に対しては、常に感謝の念を失わず、奉仕の誠意を表すべきである。出征軍人の家族に対しても同様にする。

男女の交際

社会の生活が複雑になるに従って、男女の交際も漸次その度を加うるに至るのは自然の趨勢である。最早今日としては異性間の交際は避くべきものでもなく、又避くべからざるものでもあるが、その交際に当っては、互に人格を尊び、品位を重んじ、あくまで慎重の態度を持する心構がなくてはならない。

一　文通は成るべく葉書を用い、用向を簡潔に記し、その用語を慎しむ。

二　男子と面談する場合には、服装を端正にし、態度を慎み、苟くも品位を堕すことのないように注意する。

三　男子が一人でいる室には、女子は近親の者以外は、はいってはならない。用事は室外で弁ずる。已むを得ず室にはいる場合には、扉・襖を閉じない。

四　話題に気を付け、なれなれしい言語

を用いない。

五　単独で男子を訪問せず、監督者なくして散歩遠足などをしない。

六　濫に物品を贈らない。

七　よく知らない人より、書面又は物品を贈られた場合には、一応父母若しくは長上に相談する。

外国人との交際

国と国との交際は、国家が行うべきものであるが、個人の外国人に対する態度も、亦（また）相互の親善に影響する所が尠（すくな）いとはいえない。殊に外国人は風俗習慣を異にしているから、知らず識らずに振舞ったことが、国威を傷けたり、又は国益を損することにならないとも限らないから、之が交際に当っては、十分に心を配ることが肝要である。

一　在留外国人に対しては、同情と親切とを以て接すべきであるが、常に日本国民たるの矜持を保ち、徒らに尊大に陥ったり、卑下したりしてはならない。

二　特別の必要も無いのに、濫に手紙を出したり、又はサインを求めるなどして、品位を損したり、迷惑をかけないようにする。

三　外国人との交際には、なるべく国際問題に触れないよう談話を慎み、特に防諜に関する心得はかたく之を守る。

四　外国に在ってはその国の儀礼・習慣を心得、出来るだけこれに従うようにする。

官庁・銀行・会社等に於ける心得

一　官庁等に勤務する者は、誠意を以て人に接し、親切・丁寧を旨とする。

二　官庁等に勤務する者を訪ねる場合には、言語・動作に注意し、用談はなるべく簡単にする。

女子礼法要項　終

用語説明

相客（あいきゃく）　同席の客
案（あん）　台
行在所（あんざいしょ）　天皇の行幸時の仮宮
一揖（いちゆう）　軽くお辞儀をすること
慇懃（いんぎん）　心をこめて念入りにするさま
移紙（うつりがみ）　贈り物を入れてきた器に、返礼の意味で入れて返す紙
燕窩（えんか）　中華料理に用いるアナツバメの巣
佩びる（お）　身につける
温雅（おんが）　穏やかで上品なこと
恩沢（おんたく）　恩恵
起居（ききょ）　立ったり座ったりすること
跪坐（きざ）　つま先を立てた正座
魚翅（ぎょし）　中華料理に用いる乾燥させたフカのひれ
居常（きょじょう）　常日頃
御物（ぎょぶつ）　皇室の所蔵品
襟度（きんど）　度量
哄笑（こうしょう）　大口をあけて笑うこと
故障（こしょう）　さしさわり
懇篤（こんとく）　懇切丁寧で心が籠もっていること
洒掃（さいそう）　掃除
耳語（じご）　耳打ち
至情（しじょう）　極めて自然な人情
茵（しとね）　莚（むしろ）を芯として綿を入れ絹織物で覆い、縁をつけた座具
手巾（しゅきん）　手ふき
出御（しゅつぎょ）　天皇・皇后がお出ましになること
修祓（しゅばつ）　神道でおはらいをすること
正客（しょうきゃく）　主賓
昇降口（しょうこうぐち）　校舎等の出入り口で、上履きと靴を履き替えるところ
賞牌（しょうはい）　記章、メダル

書見（しょけん）　書物を読むこと
仁慈（じんじ）　思いやりがあって情け深いこと
制規（せいき）　定められた決まり
荘重（そうちょう）　おごそかで重々しいこと
粗忽（そこつ）　失礼なこと
疎略（そりゃく）　ぞんざい
対手（たいしゅ）　相手
高声（たかごえ）　大声
誕辰日（たんしんび）　誕生日
衷心（ちゅうしん）　心の底
長上（ちょうじょう）　目上の人
通御（つうぎょ）　天皇・皇后がお通りになること
手ずから（て）　自分で
入御（にゅうぎょ）　天皇・皇后が内にお入りになること
卑近（ひきん）　身近でありふれていること
披瀝（ひれき）　心の中を包み隠さず打ち明けること
風致（ふうち）　趣のある風景

服制（ふくせい）　衣服に関する規則
奉安所（ほうあんしょ）　天皇皇后両陛下の御真影と教育勅語を納めていた学校の建物
放歌（ほうか）　あたりかまわず大声で歌うこと
宝祚（ほうそ）　皇位
奉奠（ほうてん）　つつしんで供えること
無窮（むきゅう）　永遠
野鄙（やひ）　下品で卑しいこと
容儀（ようぎ）　礼儀にかなった姿や身のこなし
隆昌（りゅうしょう）　栄えること
粒々辛苦（りゅうりゅうしんく）　こつこつと努力を重ねること
料紙（りょうし）　書き物に用いる紙
令旨（りょうじ）　皇太子・三后の意を奉じた文書
隣保（りんぽ）　となり近所
霊位（れいい）　位牌
鹵簿（ろぼ）　儀仗の隊伍を整えた行幸の列
和楽（わらく）　互いに打ち解けて楽しむこと

「復刻版　女子礼法要項」解説

「『礼法』こそ日本人としての核であり、精神的支柱」

竹内　久美子（動物行動学研究家）

以前、既刊の『復刻版　国民礼法』の解説を書かせていただいた。こちらは国民学校の小学三年生から六年生までを対象とする教科書で、内容はそれぞれの学年にあわせて書かれている。今回の『復刻版　女子礼法要項』も同じ国民学校の教科書（昭和十七年発行）だが、こちらは高等女学校の生徒を対象としている。

高等女学校と聞くと現在の高校を連想してしまいがちだが、実際は現在の中学一年から高校二年までの五年間に相当する。つまり『女子礼法要項』は女子を対象とした『国民礼法』の続編なのである。とはいうものの、対象とする生徒は思春期にさしかかることになり、内容がかなり高度になるのはもちろんのこと、女子生徒ならではの心得も述べられる。

まずは巻頭の「生徒心得」。全四章からなる学校や家庭における心得だが、服装、動作、姿勢、マナー、人に迷惑をかけないこと、協力の態度など、わざわざ言われなくてもと思うような、ごく常識的な事柄が続く。

しかし私がこれらを常識と判断するのが、はたして社会生活を営む上で、単なる人間としての常識だからなのか、それとも日本人が古来、美徳としてきたことを「礼法」として教えられる部分が大きいのかは、この時点ではよくわからない。

この後、要項の本編に入る。大きく「前篇」と「後篇」とに分けられており、「前篇」は全六章、「後篇」は「皇室・国家に関する礼法」「家庭生活に関する礼法」「社会生活に関する礼法」の三つの大枠にそれぞれ全六章、全十章、全九章で構成されている。本編に入ると、「生徒心得」とは違い、私が知らなかったことが多くなる。

前篇第二章「敬礼」を例にとっても、最敬礼が天皇陛下に対して行うことであり、お辞儀の角度が四十五度であること、敬礼は三十度、一揖（いちゆう）はちょっとお辞儀をすることであり十五度、と細かく分けられている。その後、神前での拝礼の仕方、玉串奉奠の手順、焼香の仕方などと次々、私の不得意分野が続く。

一つ、かなり驚いたのは、前篇第三章「言葉遣い」において、言葉遣いのうち、長上（目上）の人に、自分よりも目上だが、その人よりは目下の人について語るとき、敬称、敬語は用いないか、簡略にするということだ。

私は日高敏隆先生の弟子であり、日高先生は、チャールズ・ダーウィンの『種の起源』の訳者として有名な八杉龍一先生の弟子だ。お二人とも故人だが、もしどちらも存命であり、私が八杉氏に日高氏のことを話すとしたら、「○○と日高が申しておりました」などと言わねばならなくなる。うっかり、「日高先生」と言おうものなら、礼儀知らずということになり、自分が恥をかくだけでなく、日高先生にも恥をかかせ、大失態なのだ。

椅子には左側からかけ、左側に出ること（これはなんとなく身についているが）、膝行、膝退といった畳の上で跪きながらの移動の仕方、サンドイッチは片手で食べてもよいが、ちぎって食べてはならないことなど、知らずに行っていたことも多い。

このような作法を身に着けることは単に常識的な振る舞いをするだけでなく、何か核となるもの、つまり自信が自分に備えつけられるという意味が大きいはずだ。そのような自信は、続く「後編」における「皇室や国家に対する礼法」を身に着けることで一層重みを増すのではないだろうか。

「皇室と国家に対する礼法」第一章「皇室に対し奉る心得」では、「われらは世界無比の国体を有する帝国臣民として生まれ合わせ、祖先このかた限りなき皇室の御仁慈と御恩沢を蒙っている」とある。「われらは世界無比の国体を有する」とは、我々は世界のどこにもない国体、つまり皇室を持っている、という意味だ。確かに皇室は日本以外、世界のどこにも存在しない。しかし、なぜ皇室が日本国の国体であるのか、国体とはそもそも何を意味するかを理解しようとするとなかなか難しい。

辞書的な意味では国体とは、国家の状態、国柄、国のあり方、国家の根本体制とある。

そして日本という国は、神武天皇の即位とともに始まっている。建国記念の日が二月十一日であるのは、神武天皇が橿原神宮で即位した日だからだ。そうしてみるならば、皇室は日本国の根本体制であるし、日本国の国体は皇室であるということが理解できるのである。

以下の章では、「拝謁」、「行幸啓の節の敬礼」、「神社参拝」、「祝祭日」と続いたのち、「皇室と国家に対する礼法」第六章「軍旗、軍艦旗、国旗、国歌、万歳」に関する章に到達する。

まず軍旗、軍艦旗だが、元々大漁旗や出産や節句などの祝い事で用いられていた、太陽と太陽光を表す旭日旗が明治以降に軍旗となった。

帝国軍人が天皇陛下に対し奉ると同様に、絶大の敬意を表する御旗であるから、一般国民も同様の心掛で、敬礼を行わねばならない。

戦前ではそう位置づけられており、戦後は陸上自衛隊の自衛隊旗、海上自衛隊の自衛艦旗となった。何ら落ち度のない旭日旗なのだが、ＡＦＣアジアカップ二〇一一の準決勝、日韓戦の際、韓国の奇誠庸（キソンヨン）選手がカメラに向かい、サルの真似をして日本人を侮辱。その件を批判されると、「観客席に旭日旗を見て腹が立ったからだ」ととっさの言い訳をした。

これを持って旭日旗は韓国では戦犯旗とみなされるようになり、単に丸いものから放射状に線が伸びるデザインなら、たとえそれが日本や日本人と関係がない、アメリカ人のミュージシャンが身に着けるＴシャツのデザインや建物の装飾などであったとしても、いちゃもんをつけられるようになった。とはいえ朝日新聞の社旗は旭日旗そのものというくらいのデザインなのだが、この件については見逃されている。それはかの新聞社が韓国の左派と深いつながりを持っているからだという。

このような外国からの理不尽な言いがかりに対し、軍旗が天皇陛下に敬意を表する御旗であるという認識を今の日本人が共通して持つことができていたなら、どうだろう。我々は一致団結し、何ら臆することなく、日本人の総意を主張し、彼らの言い分を突っぱねることができるだろう。そもそも一韓国人選手がこのような言いがかりをつける隙を与えることはなかったのではないだろうか。

国旗は国家のしるしである。

日の丸の国旗は「大日本帝国のしるし」であり、「われ等日本国民は日本の国旗を尊重し、その正しき形や色、正しい掲げ方、正しい取扱かたを心得ておかねばならない」。

そして「外国の国旗に対しても相当の敬意を表すべきである」と続く。

ここで私が思い出すのは、日本のフィギュアスケート・ファンが自国だけではなく、外国の選手の国旗まで用意して応援するという、諸外国の人々からしたら信じられないような光景である。

それは、スポーツ選手であれば、国には関係なく健闘を祈り、称えるという、武士道の精神が現在の若い日本人にも残っている証拠ではないだろうか。

この解説の冒頭近くで、生徒心得で指摘される常識的態度がはたして単なる社会常識で人類に共通のものか、それとも日本人が古来固有に持ち続けている美徳の要素が強いのかという疑問を抱いたわけだが、このフィギュアスケート・ファンの行為を考えるとき、それは日本人に固有の美徳であり、さらに言えば武士道精神であると考えたほうがよさそうだという気がしてきたのだ。

ともあれ、国歌は国柄を表した歌、「君が代」は「天壌無窮のわが国体を歌ったもの」、つまり天地と同様に永遠に続く我が国体を歌っていると解説され、後篇のトップを飾る、皇室と国家に対する礼法は締めくくられる。

これらのページをめくる頃に私は、なんだか根無し草のようだった自分に、地にしっかりと足が着いたような自信を持つことができたような気がした。

後篇では続いて「家庭生活に関する礼法」が述べられるが、印象的なのは食事に関するくだりだ。

食事に際しては、その都度感謝の意を表すると共に長幼の序を正し、互に相親しみ、朗かに、静かに、品よく、落ついて食うことが肝要である。家庭に於てこの躾を行えば、これが子女教養の一助となり、やがては社交上に於ても、儀礼を欠かないようになる道である。

毎日、それも日に何度も訪れる食事の時間を儀礼を身に付ける最大のチャンスととらえるというのは、かつてなら何でもないことだっただろう。しかし両親ともに仕事が忙しく、親子がいっしょに食事をとる機会も少なく、そのうえ子どもがゲームに夢中になっているような昨今においては、この大切な時間を自ら放棄しているようなものである。

「家庭生活に関する礼法」でさらに私が気になったのは、このくだりだ。

取次の際、客の服装・態度等によって取扱をかえてはならない。

ごく当たり前のことと思われるが、特に海外では必ずしもそうではない。ある在米の日本人ユーチューバーの動画では、彼がアメリカの空港でビジネスクラスの搭乗口に並んでいたところ、空港の職員に「君はビジネスクラスじゃない！」と強い口調で言われた。チケットを見せてことなきを得たが、普段着でサンダル履きであったこととアジア系であることからそのような判断がなされたのだろうということだった。

人を見た目で判断し、態度も変えるということは世界のスタンダードだと思われる。だから人を見た目で判断しないということは社会の常識というよりは、日本古来の、日本人の美徳でもあり、武士道精神でもある。それがこの礼法において述べられていると考えるべきだろう。

さらに私がこれもまた武士道だと思ったのは、「慶弔」に関するくだりで、「人の喜びをわが喜びとして之を慶し、人の悲しみをわが悲しみとして之を弔することは人情の美点である。此のうるわしい人情が、何等かの形によって表れると、相手の喜びは一層の喜びとなり、その悲しみは和らげられるのである」と述べられる部分だ。

人の喜び、悲しみを、どちらもわがことととして形に表す。そうすれば相手の喜びは一層増し、悲しみは緩和される……。

またそうであるからこそ「されば知人の結婚・出産・入学・就職・入営・出征等の慶事若しくは死亡・災害・病気等の凶事を知った場合には、心より慶弔の誠を致すべきである」と続くわけである。

後篇の話題は次に「社会生活に関する礼法」へと移るが、特筆すべきは八章の「競技」に関する心得だ。

ここには之（竹内注：武道）を除き、普通の競技即ち陸上競技・水泳等に関する心得を述べることにしている。

競技は之を行うものも、之を観るものも、審判員等の役員も、渾然一体となり、理想的な雰囲気の中で理想的に行われるようにしなければならない。それが為にはそれ等の総てが誠意と熱意を持ち、互に礼儀を重んじ、その立場々々に応じて、十分にその分を守ることが肝要である。殊に競技者にありては、競技を以て、単に力を争い技を競うものとせず、競技を通して人格の錬成に資することを期せなければならない。従って練習のときといえども競技同様に心得べきは勿論である。

ここで述べられていることは武道とは別であるとしても、やはり紛れもない武道の精神であり、しかも私たちが日本人の美徳として自然に身につけているもののように思われる。

スポーツ選手として世界でもトップレヴェルにある、大谷翔平選手はスポーツの場はもちろんのこと、日常生活でも礼儀や誠意を重んじ、己の人格の錬成に励んでいる。

大変な高給を得ながらも住まいは驚くほど質素、食事もひたすら体つくりや健康を目的とした内容で豪華とはほど遠い。服装も何らかの受賞式のためのスーツを新調する以外はお金をかけない。

彼こそが日本人の美徳を体現した人であり、それがそのまま武士道やこの本に示される礼法につながるのである。

競技に関する心得には「観覧者の心得」まであり、そこには「観覧席を汚さないように注意し、席を去るときには、あとを片付けておく」とある。

私がまた思い出すのは、サッカー観戦において日本人サポーターが試合後に清掃をするという習慣である。

果たしていつ頃からだろうかと調べてみると、最初に話題となったのが、一九九八年FIFAワールドカップフランス大会に日本が初出場したときだった。アジア予選で既に話題となったが、フランスで開かれた本戦で大きくメディアに取り上げられた。

日本によくある青いゴミ袋が日本代表のサムライブルーと一致し、試合中は膨らませて応援に使うが、試合後には客席のゴミを拾い、片付けるために使用する。

日本人としては自然な流れだが、世界は驚嘆し、絶賛した。この習慣はその後、各国のサポーターに普及し、清掃することは「ATARIMAE」であるというワードさえ広がっているのだという。

日本人が本来持っている美徳が武士道として開花し、戦前は礼法として日本人に教えられていたわけだが、それは日本人のみならず世界的に受け入れられ、広がることもあるという例だろう。

さて『女子礼法要項』のほぼ最後を飾る心得は、思春期に達した女子を対象にした、男女交際についてである。

最早今日としては異性間の交際は避くべきものでもなく、又避くべからざるものでもあるが、その交際に当っては、互に人格を尊び、品位を重んじ、あくまで慎重の態度を持する心構えがなくてはいけない。

本書が刊行された昭和十七年とは、そういう時代だった。

具体的には、文通するにしてもなるべくハガキにして内容が人に見られてもよいようにするとか、部屋で二人きりにならない、なれなれしく話さない、物を贈らない、知らない人から手紙や物をもらった場合には父母や長上に相談するなど、極めて清く正しい交際である。余計なおせっかいかもしれないが、はたしてこのような形ばかりの交際であっても、女子は相手の本質を見抜くことができるだろうかと心配になってくる。

『国民礼法』とそれに続く『女子礼法要項』を読んで感じたのは、これらの礼法を学ぶことは、日本人が元々持っている美徳（それは武士道精神にもつながるし、多くの国の人々にはまず備わってないもの）について確認するとともに、それらを強化し、理論武装させることになるのではないかということだ。

日本人が日本国に誇りを持ち、日本国を守るための精神的支柱を得る。

またそうであるからこそ、ＧＨＱはこの授業を廃したのだろう。

日本では大手メディアが敢えて報道していないようだが、現在、欧州を中心とした世界各地で起こっている異変では、ごく普通の人々が立ち上がり、行動している。移民や農業潰し政策に対抗するもので、いずれも背景にグローバル勢力がいる。

たとえば農業つぶし政策に対し、まずオランダの農民たちがトラクターで高速道路を封鎖するなどの一揆をおこした。それは今や、フランス、ドイツ、イタリア、スペイン、ベルギー、スコットランド、ポーランドなどへ波及している。

ＥＵなどグローバル勢力がかかげる、気候変動対策としてのCO_2やCH_4（メタン）、窒素を含むNH_3（アンモニア）の削減のために、多くの農家を廃業させるという政府の方針に断固として立ち上がっているのだ。

オランダでは既に成果が現れ、ＥＵによる窒素削減法案は事実上通らない見通しとなった。この削減案に反対するというただ一つのイシューを掲げた新党が、昨年の地方選挙で大勝利を収めたからだ。

彼らが一揆という具体的な行動を起こすことができるのは、追い詰められ、怒りの沸点に達したということもさることながら、そもそも自国や自分に核となるものを持っており、誇りがあるからだろう。

この点においてわが日本人は不利な状況にある。現在のグローバリストとほぼ同根のＧＨＱによって『国民礼法』も『女子礼法要項』も授業が廃止され、核となるもの、自分や自国に対する誇りを抜き取られてしまっているからだ。

グローバリストとごく普通の人々との戦いがどうなるかによっては、今後の世界秩序はひっくり返される可能性が大きい。今年はその正念場の年だ。昨年、日本で可決されたＬＧＢＴ法案は、多くの反対意見を無視し、政府がグローバリストの意向に従ってしまった結果だ。多くの日本人がやりきれない怒りを感じた。ＧＨＱによって骨抜きにされたとはいえ、我々はまだ怒りを感ずることはできる。

我々は生得的には日本人の美徳や武士道精神を持ち続けている。それはスポーツ試合の後の清掃や、フィギュアスケートのファンが他の国の国旗まで用意して他国の選手を応援する様子を見ればよくわかる。

この精神に加え、できれば『国民礼法』や本書で礼法を学ぶことにより、日本人が日本国を精神的に守るために闘う未来が現実となる日はそう遠くはないだろう。

文部省内閲濟

昭和十七年六月十日印刷
昭和十七年六月十四日發行

三萬五千冊印刷

定價 金七十五錢
（送料十二錢）

日本出版文化協會
承認番號あ一一〇二七五

編纂 全國高等女學校長協會
編纂責任者 奥村奥右衛門
東京市麴町區九段三丁目四番地
（三輪田高等女學校內）

發行者 全國高等女學校長協會
右代表者 三輪田元道

東京市京橋區八丁堀四ノ十一
印刷者 下村勝一郎

東京市本鄉區湯島兩門町十五番地
全國高等女學校長協會
出版圖書取扱所
電話下谷七二六三番
振替東京一六〇四七七番

配給所 日本出版配給株式會社
東京市神田區淡路町二ノ九

（日本出版文化協會會員番號一一四〇三九番）

『女子礼法要項』について

本書は将来良妻賢母となる女子を育んだ高等女学校（今の中学・高校）の礼法教科書である。高等女学校長協会発行の『作法要項筆記帖』(昭和九年)を、「礼法要項」（昭和十六年文部省制定）に準拠してその内容を整理統合し、多くの挿絵を用いて理解、実践しやすいよう工夫されている。「家庭生活」「社会生活」上の礼法だけでなく、戦後の学校教育が忌避してきた「皇室・国家」に対する大切な礼法を学ぶことができる。礼法の要点が列挙され、知りたいことをすぐに確認できる構成になっている。また、小学生向けの礼法教科書にはなかった、男女交際の心掛けなども説かれている。
基本的な礼儀・作法の欠如は世の乱れの元となる。敗戦後、焼け野原の日本を訪れた仏人記者は「日本人は“礼儀”という高貴な宝を持ち続けている。身にボロを纏うとも、困苦にめげず、礼儀を失わない民族は滅びない」と語った。本書は「高貴な宝」の如き輝きを放つ、日本の女子礼法教育の集大成である。

編集協力：和中光次

［復刻版］女子礼法要項

令和6年 3 月 9 日　　第1刷発行

編　纂　　全国高等女学校長協会
発行者　　日高 裕明
発　行　　株式会社ハート出版

〒171-0014 東京都豊島区池袋 3-9-23
TEL03-3590-6077　FAX03-3590-6078
ハート出版ホームページ　https://www.810.co.jp

Printed in Japan　ISBN978-4-8024-0173-9　C 0021

印刷・製本 中央精版印刷株式会社

[復刻版] 高等科国史

未使用・未刊行　世に出ることのなかった“幻の教科書”

三浦小太郎 解説
ISBN978-4-8024-0111-1　本体 1800 円

[復刻版] 初等科国史

GHQに廃止された「我が国最後の国史教科書」

三浦小太郎 解説　矢作直樹 推薦
ISBN978-4-8024-0084-8　本体 1800 円

[復刻版] 初等科修身 [中・高学年版]

GHQが葬った《禁断》の教科書

矢作直樹 解説・推薦
ISBN978-4-8024-0094-7　本体 1800 円

[復刻版] 初等科国語 [中学年版]

日本語の美しい響きと力強さだけでなく、大切な道徳心も学べる国語教科書

葛城奈海 解説　矢作直樹 推薦
ISBN978-4-8024-0103-6　本体 2000 円

[復刻版] 初等科国語 [高学年版]

道徳的価値観に基づく愛の心に満ちた国語教科書

小名木善行 解説　矢作直樹 推薦
ISBN978-4-8024-0102-9　本体 2500 円

[復刻版] 初等科地理

ご先祖が学んだ我が国と大東亜の“地政学”

宮崎正弘 解説　矢作直樹 推薦
ISBN978-4-8024-0123-4　本体 1700 円

[復刻版] ヨイコドモ [初等科修身　低学年版]

敗戦前、小学校低学年の時からこんな道徳を学んでいた！

矢作直樹 推薦
ISBN978-4-8024-0095-4　本体 1600 円

[復刻版] よみかた上・下 [初等科国語　低学年版]

敗戦前、小学校低学年の時からこんな国語を学んでいた！

佐波優子 解説　矢作直樹 推薦
ISBN978-4-8024-0100-5　箱入りセット　本体 4500 円

［復刻版］中等歴史［東亜及び世界篇〈東洋史・西洋史〉］

戦前戦中の日本から見た、目からウロコの「世界史」

三浦小太郎 解説

ISBN978-4-8024-0133-3　本体 1700 円

［復刻版］国民礼法

これが GHQ が廃止した礼法の教科書だ！

竹内久美子 解説

ISBN978-4-8024-0143-2　本体 1400 円

［復刻版］高等科修身　男子用

我が国最後の修身教科書「国家を守るために一番大事なのは心と教育である」

高須克弥 解説

ISBN978-4-8024-0152-4　本体 1500 円

［復刻版］中等修身　女子用

神代から連綿と継がれる女子教育の集大成

橋本琴絵 解説

ISBN978-4-8024-0165-4　本体 1800 円

アメリカ人が語る 内戦で崩壊するアメリカ

［普及版］アメリカ人が語る日本人に隠しておけないアメリカの“崩壊

マックス・フォン・シュラー 著

ISBN978-4-8024-0163-0　本体 1200 円

移民侵略

死に急ぐ日本

佐々木類 著

ISBN978-4-8024-0171-5　本体 1600 円

慰安婦性奴隷説をラムザイヤー教授が完全論破

ジョン・マーク・ラムザイヤー　著　藤岡信勝・山本優美子 編訳 藤木俊一・矢野義昭・茂木弘道 訳

ISBN978-4-8024-0172-2　本体 1800 円

ウイグルを支配する新疆生産建設兵団

東トルキスタン秘史

ムカイダイス 著

ISBN978-4-8024-0160-9　本体 1600 円